W0180100

Anna Clauß

SÖDER

Die andere Biographie

Hoffmann und Campe

2. Auflage 2021
Copyright © 2021 Hoffmann und Campe Verlag, Hamburg
Umschlaggestaltung: © Hannah Kolling, Kuzin & Kolling,
Büro für Gestaltung, Hamburg
Umschlagabbildung: © Getty Images / Christof Stache / Kontributor
www.hoffmann-und-campe.de
Satz: Pinkuin Satz und Datentechnik, Berlin
Gesetzt aus der Sabon
Druck und Bindung: GGP Media GmbH, Pößneck
Printed in Germany
ISBN 978-3-455-01155-5

HOFFMANN
UND CAMPE

Ein Unternehmen der
GANSKE VERLAGSGRUPPE

»Heute hier, morgen dort. Bin kaum da, muss ich fort.«

Hannes Wader

INHALT

EINER FÜR ALLES – VORWORT

Markus Söder ist ein faszinierender Mensch. Niemand kann ihn besonders gut leiden. Trotzdem folgen ihm alle. Auch ich. Seit knapp einem Jahrzehnt bin ich *Spiegel*-Reporterin in München, habe seinen Aufstieg vom Minister zum Ministerpräsidenten verfolgt, kenne jede seiner Superheldentassen und besuche mindestens die Hälfte seiner gefühlt hundert Pressetermine pro Woche.

Markus Thomas Theodor Söder wurde am 5. Januar 1967 in Nürnberg geboren. Er studierte Jura und arbeitete als Journalist beim Bayerischen Rundfunk, bevor er 1994 in den Bayerischen Landtag einzog. In der Rolle des angriffslustigen CSU-Generalsekretärs erlangte er 2003 nationale Bekanntheit, ab 2007 übernahm er verschiedene Ministerämter.

Als Europaminister fühlte er sich zum bayerischen Außenminister berufen. Nach dem Wechsel ins Umwelt- und Gesundheitsministerium gab er sich den Namen »Lebensminister«, das Finanzministerium – er nannte es ernsthaft »das bayerische Steuer-FBI« – trieb er zu Rekordeinnahmen, und in der Funktion des Heimatministers schließlich spielte er den Retter des ländlichen Raums. Nachdem er 2018 zum Ministerpräsidenten ernannt worden war, wollte er mit Kreuzen in Amtsstuben das Abendland verteidigen, bevor er zum friedlichen Baumumarmer mutierte und 2019 auch noch den Parteivorsitz von Horst Seehofer übernahm. Einer für alles. Und alle gegen ihn.

Spannender als die Gespräche mit Markus Söder selbst sind die mit seinen innerparteilichen Widersachern. Früher gab es viele von ihnen. Heute nicht mehr. Was macht den Mann nur so unvermeidlich? Diese Frage habe ich mir immer wieder gestellt. Lange Jahre fremdelten die Bürger mit Söder. Sie trauten ihm alles zu, vertrauten ihm aber nicht. Die Coronakrise hat das verändert. Und zwar – nach Art des Virus – radikal. Sogar einen Bayern im Kanzleramt können sich viele Menschen plötzlich vorstellen, manche wünschen es sich sogar.

Als Beobachterin des politischen Personals in Bayern komme ich mir manchmal vor wie die Besucherin von Marvel-Comicverfilmungen. Da sind die Helden auch immer zu einer randständigen Existenz verdammt, bis der drohende Weltuntergang ihr Superhelden-Ich hervortriggert und die dankbare Bevölkerung selbst einem grünen Ungeheuer wie dem Hulk zujubelt. Wobei ich nicht sagen will, dass Markus Söder ein grünes Ungeheuer ist. Auch kein schwarzes.

Es ist leicht, in ihm einen Superschurken zu sehen. Das liegt an seiner Lust am rhetorischen Zuspitzen, seinem breitbeinigen Gang, seinen zusammengekniffenen

Augen, die besonders nach durchwachten Nächten an Schießscharten erinnern. Sein Erfolg beruht aber nicht auf fiesen Angriffen oder Schienbeintritten in Richtung seiner Gegner, sondern auf konsequentem Strippenziehen, Fleiß und brennendem Ehrgeiz.

Söder ist ein Klassenstreber, der sich besonders dann über die Eins im Zeugnis freut, wenn die anderen nur Dreien haben. Bayern geht voran, Bayern handelt schneller, Bayern ist Erster. Der jüngste Ministerpräsident in der Geschichte des Freistaats macht Politik wie ein Leistungssportler. Demokratie ist für ihn ein Kräftemessen, bei dem Gewinnern und Verlierern am Ziel der Puls rast. Es ist schwer, dem Mann wirklich nahe zu kommen. Kaum hat man ihn eingeholt, hat man sich an seine neueste Verwandlung samt neuer Ideen gewöhnt, ist er schon wieder einen Schritt weiter.

Es ist kein Zufall, dass das einzige Interview mit Markus Söder, bei dem ich etwas Echtes über ihn als Person erfahren habe, nicht bei einem Hintergrundgespräch in der Staatskanzlei stattfand, sondern beim Sportmachen in Äthiopien. In einem Hotelswimmingpool.

Söder hatte das afrikanische Land zum Ziel seiner ersten Auslandsreise als Freistaatsoberhaupt auserkoren. Ich war Mitglied der Pressedelegation, die ihn begleitete. Dass wir irgendwann gleichzeitig am Beckenrand des Schwimmbads aufkreuzen mussten, ließ sich nicht vermeiden. Wir haben keinen Röntgenblick, mit dem man durch Wände sehen kann wie Superman.

Markus Söder und ich sind keine Freunde. Klar, Politiker und Journalisten sollten im Sinne der Gewaltenteilung stets kritische Distanz wahren. Manchmal jedoch stellt sich zwischen Menschen, die sich in ihrem Berufsfeld häufig als Kontrahenten begegnen, dennoch so etwas wie gegenseitiges Verständnis oder Wertschätzung, vielleicht sogar heimliche Sympathie ein. Ich kenne allerdings kaum Journalisten, denen das mit Markus Söder so geht.

Auf den zehn Metern Bahnlänge eines Hotelpools in Addis Abeba kann man sich schlecht aus dem Weg schwimmen, also machten Söder und ich Brustzüge nebeneinander. Vielleicht lag es an den gleichmäßigen Bewegungen, dass seine innere Unruhe nachzulassen schien. Plötzlich hörte er zu, fragte sogar nach, sprach über seine Kinder, was er normalerweise nie tut. Und er erinnerte sich an die Jugend. Er erzählte von seinem Eintritt als 16-Jähriger in die CSU. Und zwar nicht die Geschichte, die er vermutlich in eine selbst verfasste Biographie drucken würde. Er habe, sagt er in offiziellen Interviews meistens, sich in der Auseinandersetzung mit dem Nationalsozialismus und der deutschen Teilung politisiert.

Beim Schwimmen in Äthiopien war davon keine Rede. Söder erzählte, dass er sich in den achtziger Jahren über das rote Mainstream-Mindset der Klassenkameraden geärgert habe. Nürnberg war zu seiner Schulzeit fest in sozialdemokratischer Hand. Das offensive Bekenntnis zur anderen Seite der Macht – zur Schau gestellt mit einem Plakat von Franz Josef Strauß an der Kinderzimmerwand – hat ihn mit jugendlichem Revolutionsgeist beseelt. Zu seiner Abiturfeier 1987 kam er zu spät, weil er eine Diskussionsrunde der Jungen Union in einem autonomen Kulturzentrum gegen den Protest linker Parkaträger verteidigen musste.

In dem Moment machte Söder für mich Sinn. Als uncoolster Punk in der Geschichte der Bundesrepublik. Einer mit Bock, Systeme zu sprengen. Einer, der keine Angst davor hat, andere zu provozieren oder nicht in die gängige Norm zu passen. Der aber statt knallenger Röhrenjeans lieber bequeme Obelix-Hosen trägt, deren Bund über dem Bauchnabel endet. Punk feiert die Freiheit des Individuums. Das passt zu Söder, der trotz seiner Funktion als Parteivorsitzender ein Einzelgänger ist.

Ein CSU-Vorstandsmitglied antwortete mir einmal auf die Frage, wie sich der Mensch Markus Söder vom Politiker unterscheide, nach kurzer Denkpause: »Ich kenne den Menschen Markus Söder nicht.« Auch ich will mir nicht anmaßen zu behaupten, den Mann hinter Mundschutz und Maske zu kennen. Als Reporterin folge ich seinen Spuren aber schon so lange, dass ich viele Notizen, Gespräche und Beobachtungen zu einem Bild zusammenfügen kann, das dem Menschen und Politiker Markus Söder zumindest ähnelt.

Das vorliegende Buch ist meine Version seiner Geschichte. Markus Söder war so freundlich, mir seinen Platz in Bayern zu zeigen, mit mir über seine Lieblingsserie *Game of Thrones*, Gelbwurst und Horst Seehofer zu sprechen. Obwohl er wusste, dass ich nicht zu seinen

Fans gehöre, dass ich in meinen politischen Kommentaren meist feministisches statt konservatives Gedankengut verbreite und dass er das Buch nicht vorab lesen durfte. Für einen wie ihn, der jedes Risiko meidet, ist das mutig.

DIE HEIMAT

Ein Stadtpark mit See im Zentrum von Nürnberg. Bayerisches Bergpanorama gibt es woanders, den Horizont dominiert eine klotzige Hochhaussiedlung. Tischtennisplatten, Radwege, Tretboote und eine Schwimmbucht warten auf Menschen mit Freizeit. Quarzsand schimmert rötlich am Ufer, das *Café Strandgut* ist offen. Die – laut Hinweisschild – »Insektenfreundliche Wiese« hat jemand gemäht. Der Herbst ist da, Deutschland wappnet sich gegen ein Aufbranden der Coronapandemie.

An einem Freitagvormittag im späten September biegt der schwarze Dienst-BMW des bayerischen Ministerpräsidenten sekundengenau pünktlich auf den Parkplatz. Kaum ist Markus Söder ausgestiegen, zückt seine Pressesprecherin das Handy: »Wir sind da.« Söder hat keine Zeit zu verlieren. Auch hier nicht. An seinem Platz in Bayern, dem Wöhrder See.

»Mein Platz ist in Bayern.« Diesen Satz hat Markus Söder den Sommer über in jedes Aufnahmegerät und jede Fernsehkamera diktiert. An manchen Tagen zehnmal hintereinander, hat Söder mitgezählt. Immer, wenn das Gespräch gegen Ende des Interviews auf die Frage kam, ob er in naher Zukunft Angela Merkels Erbe antreten wolle. Immer antwortete Söder: »Mein Platz ist in Bayern.«

Aber wie lange noch? Söders Standardantwort hat vor allem eine Funktion: Sie hält ihm alle Optionen offen, unterdrückt seine Ungeduld, überbrückt das lange Warten auf die Entscheidung innerhalb der Union. Wer als CSU-Mann aus Bayern Kanzlerkandidat im Bund werden will, kann nicht einfach sagen: »Ja, ich will.« Er muss von der CDU, der großen Schwester, gerufen werden. Erst nachdem die Schwesterpartei einen neuen Vorsitzenden gewählt hat, könnte dieser Ruf kommen.

Eigentlich hätte die CDU bereits im April 2020 ihre unsichere Führungsfrage klären wollen. Corona durchkreuzte diesen Plan. Genauso wie die Ambitionen der CDU-Kandidaten Armin Laschet, Friedrich Merz und Norbert Röttgen. Als Corona-Krisenmanager profilierte sich nur einer: Markus Söder, dessen Platz in Bayern der Wöhrder See in Nürnberg ist.

Er spaziert los, leger gekleidet, trägt Jeans, hellblaue Wildlederschuhe und einen dunkelblauen Windbreaker mit Bayern-Wappen auf Brusthöhe. Er ist gut gelaunt, so wie immer, wenn er in seiner Heimatstadt Journalisten empfängt. Er dränge sich ungern in den Vordergrund, behauptet er, als typischer Franke sei er schüchtern. Kein Witz. Die Franken seien ein defätistisches Volk. Er verdeutlicht die Behauptung mit einem Beispiel. Ein

Oberbayer sagt in der Metzgerei: »A Gelbwurst, bittschön!« Der Franke hingegen fragt: »Gelbwurst habts nicht, gell?«

Vom Fränkischen ins Hochdeutsche übersetzt heißt Söders Satz vom Platz in Bayern vermutlich: »Ich wäre gerne Kanzler, traue mich aber nicht, es laut zu sagen.«

Als Markus Söder Ministerpräsident von Bayern werden wollte, hat er das auch nie öffentlich kundgetan. Trotzdem wusste irgendwann jeder, was er will und dass er will. Bei Söders Kanzlerambitionen ist es anders. Gut möglich, dass zum ersten Mal nicht Söder zum Amt, sondern das Amt zu Söder kommt. Weil sich die Direktkandidaten der Union bei der Bundestagswahl 2021 mit ihm als Zugpferd bessere Chancen ausrechnen, ihren Wahlkreis zu gewinnen, als mit Laschet, Merz oder Röttgen.

Dieses Kalkül schmeichelt Söder. Er kennt aber auch den Ausgang der Bundestagwahlen 1980 und 2002. Erst scheiterte Franz Josef Strauß als CSU-Kanzlerkandidat, dann Edmund Stoiber. In interner Runde soll Söder gesagt haben: Kanzlerkandidaturen seien wie Russlandfeldzüge. Man marschiere frohgemut los und kehre vernichtet geschlagen zurück. Außerdem vergleicht er eine Kanzlerkandidatur aus Bayern gerne mit einem Endspiel des FC Bayern München in der Champions League. Da wolle auch nicht ganz Deutschland die Münchner siegen sehen. Was er nicht sagt, aber ganz genau weiß: Bei Nationalspielen und großen Wettbewerben wie der WM oder der EM jubeln die Deutschen den Profis aus Bayern ohne Wenn und Aber zu. Obwohl sie für den Stern des Südens spielen.

So defensiv Söders Standardantwort vom Platz in Bayern klingen mag: Zurückhaltung ist eine Tugend, die ihm nicht in die Wiege gelegt wurde. Vor zehn Jahren, erklärt Söder am Wöhrder See gewohnt selbstbewusst, war dieser Ort ein »Tümpel«. Die Kommunalpolitiker seiner Heimatstadt Nürnberg hatten den Stausee nach dem Krieg anlegen lassen, um die Altstadt vor dem Hochwasser der Pegnitz zu schützen. In der Folgezeit verebbte der See, Unkraut überwucherte die Ufer. »Es war alles voller Schlamm und Algen«, erinnert sich Söder. So klingt der Beginn einer guten Heldengeschichte. Mit ihm in der Hauptrolle.

2010 verkündet Söder seinen Plan für die »Wasserwelt Wöhrder See«. Er ist damals seit zwei Jahren Umwelt- und Gesundheitsminister im Freistaat. Sein Amt hat er in »Lebensministerium« umgetauft und dessen Zuständigkeit für die Wasserqualität bayerischer Seen in bestem Beamtendeutsch um den Bereich der »innerstädtischen Hydrokultur« erweitert. Er finde Politik dann gut, sagt Söder, »wenn sie nicht nur in der Theorie, sondern auch in der Realität funktioniert«. In Euro gesprochen heißt das: 15 Millionen flossen seitdem unter anderem in einen naturbelassenen Biotopbereich, eine Freizeitlandschaft mit Badebucht und Sandstrand und in einen neuen Bachlauf.

»Nürnbergs Copacabana« oder »Frankens Côte d'Azur« nennt Wortschöpfer Söder sein politisches Gesellenstück. Heute sei der einstige Tümpel, sagt Söder beim Spaziergang, »Nürnbergs ökologisches Leuchtturmprojekt«. Er selbst hat den Imagewandel noch schneller vollzogen. Um vom unbeliebtesten Ministerpräsidenten Deutschlands zur Kanzlerhoffnung zu reifen, brauchte Söder weniger als zwei Jahre.

Der Kanzlermacher, das war der CSU-Chef schon vor Ausbruch der Pandemie. Sein Votum entscheidet, mit wem die Union als Spitzenkandidat in die nächste Bundestagswahl zieht. Wäre die Bundespolitik eine Kirmesbude, wäre Söder der Mann, der am Glückshafen das große Los gezogen, aber nur Trostpreise zur Auswahl hat. Söder kann mit keinem der möglichen Merkel-Nachfolger viel anfangen.

»Ich habe mich oft gewundert«, sagte Söder im Interview mit dem Bayerischen Fernsehen im Februar letzten Jahres, wer in Deutschland alles glaube, »für bestimmte Ämter geeignet zu sein«. Man brauche neben »Erfahrung auch Führungsstärke und Offenheit und die Liebe zu den Menschen«, um für den Job des Bundeskanzlers zu kandidieren. Das ließ sich als Dreifachohrfeige für alle CDU-Kanzlerkandidaten interpretieren: Jens Spahn fehlt die Erfahrung, Armin Laschet die Führungsstärke und Friedrich Merz die Liebe zu den Menschen. Norbert Röttgen hatte seine Kandidatur damals noch gar nicht erklärt.

Zwar steht die CDU in Umfragen ein Jahr vor der Bundestagswahl sehr gut da. Söder sagt aber nicht zu Unrecht: »Das sind Merkel-Werte.« Die Bundestagswahl 2021 werde nicht automatisch gewonnen, im Gegenteil. Die Union müsse im nächsten halben Jahr eine »Philosophie für Deutschland« entwickeln. Eine »wertkonservative Vision« vorlegen, die aufzeige, wo das Land in zehn Jahren stehen solle. Es klingt, als sei er mittendrin in der Entwicklung.

Wenn er außerdem sagt, ein potenzieller Kanzlerkandidat müsse »ökonomische Kompetenz, ökologische Glaubwürdigkeit, Technologieaffinität und eine gewisse Liberalität« verkörpern, kann er vor seinem inneren Auge eigentlich nur sich selbst im Spiegel sehen.

Der starke Staat war schon immer das Spielfeld der Union. Und Markus Söder ist einer der stärksten Stürmer auf dem Platz. Selbst wenn bei der kommenden Bundestagswahl nicht über das beste Corona-Krisenmanagement abgestimmt wird, ist Söders Kandidatenprofil für die Union verführerisch. Als bayerischer Ministerpräsident hat er ein Artenschutzprogramm XXL auf den Weg gebracht und gleichzeitig die Werte der AfD halbiert. Söder kann Grüne umarmen und Rechte abwehren. Etwas, das Friedrich Merz nur behauptet, Armin Laschet bislang nicht bewiesen hat und Norbert Röttgen gar nicht erst versucht. Söder hat in den letzten zwei Jahren einen radikalen Imagewandel durchlaufen – vom Asyl-Hardliner zum Mann, der Bienen rettet. Warum sollte diese Umarmungsstrategie nicht auch im Bund funktionieren?

In seiner Heimat erkennt jeder Spaziergänger den Ministerpräsidenten. Manche nicken ihm nur anerkennend zu, eine ältere Dame mit Kopftuch sagt: »Danke, dass Sie Politik machen.« Eine Frau mit Lockenmähne will aufgeregt wissen, ob der Ministerpräsident ihre CD mit selbstverfasster Klaviermusik zum Entspannen erhalten habe, was Söder nach kurzem Zögern bejaht, um treuherzig zurückzufragen: »Haben Sie mein Dankesschreiben denn noch nicht bekommen?« Ein Jogger ruft unvermittelt: »Sie sind unser Kanzler!« Söders Pressesprecherin scherzt: »Das haben wir nicht arrangiert.«

Anderes schon. Markus Söder auf Algenmähschiffroboter *Molly*. Markus Söder mit Riesenhammer vor Seenlandschaft. Markus Söder umringt von Kindern beim Durchschneiden eines weiß-blauen Bandes mit Papierschiffen dran. Markus Söder vor rotem Buzzer mit grünen Baggern im Hintergrund. Markus Söder am Strand mit hochgekrempelter Hose in weiß-blauem Liegestuhl beim Wasserballwerfen. Markus Söder mit Spaten vor Uferbepflanzung, Erde in die Luft werfend. Markus Söder auf einer Insel im See, Schilf pflanzend. Markus Söder mit Surfbrett unterm Arm, Frisur und Jackett vom Wind zerzaust. Markus Söder in Anglerhose, braun gebrannt im Bug eines Ruderbootes, visionär in die Ferne blickend. Markus Söder bei der Eröffnung einer Umweltstation, einen Kuscheleisbären streichelnd. Markus Söder in weiß-blauem Tretboot, Wasser in Richtung Kamera des Fotografen schnipsend.

Man kann das alles lustig, plump, anbiedernd finden. Es ist aber vor allem sehr solides politisches Handwerk, das diese Bilder demonstrieren. Sie zeigen einen

Minister, der Netzwerke spinnt, dem Bürger vor Ort das Leben verschönert, einen Minister, der dorthin geht, wo es stinkt, und der Dinge anpackt, die der SPD-Bürgermeister vor Ort jahrelang brachliegen ließ. Außerdem zeigen sie einen Mann, dem Ökologie schon wichtig war, bevor sie hip wurde. Jeder neue Bauabschnitt wird gefeiert, immer ist Söder zugegen – auch als er längst nicht mehr »Lebensminister« ist, weil ihn das Leben in der Zwischenzeit ins Amt des Ministerpräsidenten gespült hat.

Die zwei wichtigsten Utensilien für seinen Aufstieg als Politiker hat Söder auch am Wöhrder See stets dabei: einen Geldbeutel und eine Kamera. Unvergessen ist auch der Film auf Facebook, der ihn 2016 beim Durchschwimmen der Norikus-Bucht zeigt. Sein Ganzkörperbadeanzug macht als »Söder-Burkini« Schlagzeilen bis in die die Hauptstadtpresse.

Der Wöhrder See ist nicht nur Söders Experimentierfeld, sein politisches Vermächtnis und seine Bühne. Er ist auch sein Rückzugsort. »Im Büro bekommt man den Kopf oft nicht frei«, sagt Söder. Er muss sich bewegen zum Nachdenken. 2012, als Horst Seehofer ihm auf einer Weihnachtsfeier vor Journalisten öffentlich »Schmutzeleien« unterstellt und ihn als »vom Ehrgeiz zerfressen« charakterisiert hatte, fand Markus Söder am Ufer einen Moment der Ruhe. Er habe damals, erzählt er, ernsthaft darüber nachgedacht, zurückzutreten. »Genau hier« sei er entlang gegangen, als sein Handy klingelte und Oscar Schneider in der Leitung war, ein ehemaliger CSU-Bauminister und eine unangefochtene Parteiautorität. »Herr Söder, in solchen Situationen gibt es nur eine Möglichkeit«, sagte Schneider, »Haltung zeigen, Anstand wahren, Pflicht erfüllen.« Daran habe er, Söder, sich gehalten. Noch so eine Heldengeschichte vom Wöhrder See.

Der Spaziergang endet an einer Statue aus Bronze. Sie stammt noch aus der prähistorischen Söder-Ära, war jahrelang von Ufergestrüpp bedeckt, bis sie bei den Strandausbauarbeiten zufällig wiederentdeckt wurde. »Sehr archaisch und ein bisschen zu groß«, findet Söder die Figur. Sie zeigt einen Mann, der auf einem Surfbrett kniend Diskus zu werfen scheint. Markus Söder unterwegs in Richtung Kanzleramt? Er bleibt eisern: »Mein Platz ist in Bayern.«

Früher, im vergangenen Jahrhundert, waren Inszenierungen vor Seekulisse ein Erfolgsrezept für Männer mit höchsten politischen Ambitionen. Konrad Adenauer und Helmut Kohl haben es beide genutzt. Sie ließen sich im Urlaub mit der Familie fotografieren, der eine am Comer See, der andere am Wolfgangsee, sie präsentierten sich als verantwortungsvolle Väter und bodenständige Landsleute.

Den Mann aus der Provinz muss Söder nicht simulieren. Vor drei Jahren, als Berlin von Nürnberg noch sehr weit entfernt schien, sagte Söder auf einer Tretbootfahrt: »Das Schönste an Berlin ist die Rückfahrt nach Nürnberg.« Es wirkte echt.

WENN DER VORHANG FÄLLT

D as *Filmtheater Sendlinger Tor* ist Münchens ältestes Kino. Der Vorführraum sieht aus wie ein Opernsaal. Er ist wie gemacht für den Meister der Inszenierungen – Markus Söder. Rote Vorhänge, Plüschsessel, vor der Leinwand drei Stühle, ein Tischchen, darauf drei Gläser, eins gefüllt mit Cola light. »Stadtgespräch« heißt das Veranstaltungsformat, mit dem der CSU-Parteivorsitzende Anfang des Jahres 2020 im Kommunalwahlkampf quer durch den Freistaat tourt.

Die ersten Corona-Infektionen gibt es da schon. In der Zentrale des bayerischen Autozulieferers Webasto hat eine chinesische Mitarbeiterin bei einer Fortbildung mehrere deutsche Kollegen mit Covid-19 angesteckt. Markus Söder hat kurz nach Bekanntwerden der ersten Infektionen einen Krisenstab im Gesundheitsministerium eingerichtet. Noch scheint die Lage unter Kontrolle.

Zur Begrüßung scherzt Söder: »Die Bundeskanzlerin hat gesagt: nicht Hände schütteln!« CSU-Generalsekretär Markus Blume, der Moderator des Abends, zwinkert: »Und dann hören wir auf die Kanzlerin?« Söder: »Nicht immer. Aber in dem Fall schon.« Es ist der letzte Tag, an dem man ihn ausgelassen erlebt, geradezu aufgekratzt wirkt er.

Eigentlich ist er für die männliche Nebenrolle vorgesehen, schließlich geht es darum, Kristina Frank glänzen zu lassen. Sie ist die Kandidatin seiner Partei für das höchste Amt im Münchner Rathaus. Söder aber lenkt alle Aufmerksamkeit auf sich.

Kinosäle sind Orte mit einer besonderen Aura. Menschen verlieren ihr Herz dort, tauschen erste Küsse oder eine Zwei minus in Englisch gegen freien Eintritt zu einem Science-Fiction-Film. Seine Mutter, erzählt Söder den Münchnern auf den Klappsesseln vor ihm, hätte den Sohn gerne für Bücher begeistert. Er aber sei fasziniert gewesen vom Kino, wollte 1978 unbedingt *Star Wars* sehen, überredete die Mutter zum Deal mit der guten Note im kritischen Schulfach.

Die Idee, Politik ins Kino zu verlagern, kam dem *Star Wars*-Fan erstmals im Landtagwahlkampf 2018. »Söder privat« nannte sich das Veranstaltungsformat damals. Der Grund war offensichtlich. Markus Söder wirkte nach dem jahrelangen Kampf mit Horst Seehofer um den Stuhl in der Staatskanzlei wie ein kalter Machtstratege, in dessen Brust statt eines pochenden Herzens ein Maschinenraum rattert. »Söder privat« sollte sein Image korrigieren, ihn nahbarer wirken lassen oder – um im Blockbustermodus zu bleiben – von der dunklen Seite der Macht auf die helle holen.

Zwei Jahre später hat Söder die Geschichten aus seinem Leben, mit denen das gelingen soll, perfektioniert. Die Pointen sitzen nicht nur bombensicher, sondern auch laserschwertgenau. Söders Eintritt als 16-Jähriger in die Junge Union 1983 zum Beispiel klingt im Münchner *Filmtheater* so: »Sankt Leonhard, meine Heimat, ist der roteste Stadtteil von ganz Nürnberg. Hier regierte die SPD, ich aber wollte zur CSU. Am Tag als ich zum ersten Mal an einer Ortsvereinssitzung teilnahm, wurde über Kindergartengebühren debattiert. Vorne in der Wirtschaft standen Spielautomaten, im Hinterzimmer fand die Versammlung statt. Ich habe wenig gesehen, alles war voller Zigarrenrauch. Der Jüngste im Raum, neben mir, war der Referent. Der war über siebzig. Nach zehn Minuten war in Sachen Kindergartengebühren zwar keine Lösung in Sicht, aber alle waren sich einig: Der Gaddafi ist schuld. Mir wurde in dem Moment klar: Entweder ich gehe da nie wieder hin. Oder ich übernehme die Partei.« Großes Gelächter im Raum. Söder schließt: »So ist es ja auch gekommen.«

Von großer staatsmännischer Reife für einen damals 16-Jährigen ist Söders Begründung, warum er in die CSU eingetreten ist: »Mich haben zwei Dinge stark beschäftigt: Wer in Nürnberg aufwächst, hat den Nationalsozialismus vor Augen. Hier stand das Reichsparteitagsgelände. Ich habe nie verstanden, warum das Dritte Reich möglich war. Warum gab es keinen Widerstand? Kein Stoppschild? Wie konnte ein Land in einen Zustand tiefster Barbarei verfallen, obwohl es vorher zu höchster wissenschaftlicher Leistung fähig war? Und das zweite war die Mauer, die DDR war ja nicht weit weg von Nürnberg. Wieso können da Leute rein, aber nicht wieder raus, habe ich mich gefragt? Wieso sagen die jungen Leute bei mir in der Schule, Sozialismus stehe für Freiheit? Wenn das so wäre, warum muss man die eigenen Bürger dann einsperren?«

Heiter klingt dann wieder die Geschichte von Markus Söders Berufung als Generalsekretär der CSU: »In der Woche nach der Landtagswahl 2003, die Edmund Stoiber mit absoluter Mehrheit gewonnen hatte, formte dieser seine neue Mannschaft. Mir wurden gute Chancen auf den Posten des Generalsekretärs eingeräumt, schließlich war ich ein frecher Anführer der Jungen Union. Aber es passierte: nichts. Man wusste, am Dienstag wollte Stoiber seinen neuen Generalsekretär vorstellen. Am Montagfrüh rief Erwin Huber mich an und sagte: ›Du wirst es.‹ Am Montagvormittag aber: nichts. Am Montagnachmittag: nichts. Am späten Nachmittag: immer noch nichts! Um 22 Uhr dann endlich: Anruf aus der Staatskanzlei, ich solle mich bereithalten, der Ministerpräsident wolle mit mir sprechen.«

Söder macht eine Pause. »In so einer Situation steht man starr da, die Augen aufs Telefon gerichtet. Man verbietet der Frau, Gespräche am anderen Apparat zu führen. Kurz vor Mitternacht ist endlich Stoiber am Apparat. Er erzählt in epischer Länge, dass er gerade zwei Stunden mit Frankreichs Staatspräsident Jacques Chirac telefoniert habe, wiederholt alle Details des Gesprächs, bedankt sich für meine Aufmerksamkeit, wünscht eine gute Nacht und legt auf. Ich habe mich gefühlt wie eine Comicfigur, der dickste Fragezeichen um den Kopf kreisen. Ich stand noch eine halbe Stunde vor dem Telefon, hatte schon Spinnweben und Staub auf meinem Jackett. Dann rief Stoiber noch mal an: ›Ach, Markus, ich wollte noch sagen: Selbstverständlich wirst du Generalsekretär.‹«

Was das alles mit der Oberbürgermeisterwahl in München zu tun hat, bei der zum ersten Mal einer Frau Chancen auf den Einzug in die Chefetage des Rathauses nachgesagt werden, bleibt Söders Geheimnis. Anderes tritt umso offener zutage. Neben seinen Entertainerqualitäten und herausragender Pointensicherheit ist es vor allem Söders Rücksichtslosigkeit: Er hält sich offensichtlich und vielleicht sogar zu Recht für den klügsten und witzigsten Geist im Raum. Er redet mühelos fünfzehn Minuten am Stück. Auf die Idee, dass er dabei gerade der eigentlichen Hauptdarstellerin die Show stiehlt, kommt er nicht. Schließlich liefert er die bessere.

Dem amtierenden CSU-Generalsekretär Markus Blume gibt Söder ständig Hinweise, was er als Nächstes fragen soll. Die Rolle des Kommandogebers kann Söder auch denn nicht ablegen, wenn er nur Gast auf der Bühne ist. Während Kristina Frank spricht, formt Söder ein Wort in Blumes Richtung, das lautmalerisch wie »Hoheit« aussieht. Kurz darauf lenkt Blume das Gespräch auf Flugtaxis, und Söder beginnt mit einem erneuten minutenlangen Monolog über seine geplante »Hightech

Agenda«. Das war offenbar das Stichwort, auf das er gewartet hatte.

»Wenn ich eine Idee habe, sind erst mal alle dagegen«, klagt er. »Am nächsten Tag aber fragen sich alle, warum wir das nicht schon vorgestern eingeführt haben.« Söders Vision ist, im »Sonnenland Bayern« ein zweites Silicon Valley aufzubauen. Den Freistaat vergleicht er mit Kalifornien, des »schönen Wetters und der schönen Leute« wegen, er spricht von künstlicher Intelligenz, Quantencomputern, der Konkurrenz aus Fernost: »In China bauen sie in fünf Wochen ein Krankenhaus und einen Flughafen, und wir brauchen für die Genehmigung eines Funkmasts zwei Jahre.« Dann ist er plötzlich beim Klimaschutz, man dürfe weder Fahrräder von der Straße drängen noch das Auto verteufeln. »Es ist kein Staatsverbrechen, wenn eine junge Mutter nach der Arbeit die Kinder abholt und zum Fußball fährt und dafür ein Auto benutzt.« Innovative Motoren und mehr Radverkehr: »Ich will beides«, jubelt Söder.

Die Besucher hängen an seinen Lippen, spenden Szenenapplaus, klopfen sich auf die Schenkel. Am Ende spannt er einen Bogen von Rosamunde Pilcher zu außerirdischem Leben auf den Monden des Jupiter. Und Kristina Frank? Wird wenig später krachend gegen den Amtsinhaber der SPD verlieren. Aber Söder hat Sympathien gewonnen.

Obwohl der Abend noch eine weitere seiner Charakterschwächen offenlegt: Er lacht am liebsten über andere. Das geht los mit dem Seitenhieb in Richtung des nicht anwesenden Karl-Theodor zu Guttenberg. Er, Söder, habe auch einen Doktortitel in Jura erworben. »Und ihn sogar behalten.« Und über Markus Blume fällt ihm plötzlich ein: »Wir tauschen uns häufig über unseren Comicgeschmack aus.« In Richtung Publikum verrät er: »Glauben Sie mir, Sie würden viel von Ihrem Respekt für Markus Blume verlieren, würde ich Ihnen jetzt verraten, was er in seiner Jugend gut fand.« Um danach so pflichtschuldig wie herablassend zu ergänzen: »Dabei ist er ein Guter, der Markus Blume.«

Als Blume sich etwas später revanchiert und Söder nach dem Poster von Franz Josef Strauß in seinem Jugendzimmer fragt und vor allem danach, wie sich die Wahl dieses Motivs auf Besucherinnen des anderen Geschlechts ausgewirkt habe, dreht Söder den Spieß einfach wieder um. Er fragt Blume und Kristina Frank, was sie denn für Poster im Kinderzimmer hängen hatten.

Kristina Frank antwortet: »*Knight Rider.*« Gerade als sie die Überleitung vom sprechenden Auto zur Mobilität der Zukunft schaffen will, die mit ihr als Stadtoberhaupt in München anbrechen würde, unterbricht sie Söder. Er will jetzt noch vom im Publikum anwesenden Justizminister und Münchner Georg Eisenreich wissen, was der im Zimmer hängen hatte. Er lässt nicht locker, als dieser ratlos mit den Schultern zuckt. »Sag, Georg! Hast du überhaupt ein Zimmer gehabt?« Söder stichelt weiter: »Hast du etwa die Wände vollgekritzelt?« Schließlich wählt der Justizminister die Selbstironie als Schutzschild und meint sich an eine durchaus dekorative Raufasertapete im Kinderzimmer erinnern zu können. Söder lacht sich schlapp. »Was für eine traurige Kindheit! Das erklärt natürlich manches, Georg.« Schallendes Gelächter. Als Blume schon überzuleiten versucht, unterbricht Söder noch mal, die Hand theatralisch am Kopf: »Eine Tapete hat er gehabt!«

ZUCKERWASSER UND PEITSCHE

Helmut Schmidt rauchte Kette. Helmut Kohl hatte eine Schwäche für Pfälzer Saumagen, Kirschsahnetorte und, wie Willy Brandt, diverse Geliebte. Angela Merkel hält nach Sitzungen zu später Stunde gerne ein Glas Rotwein in der Hand. Würde der bayerische Ministerpräsident dereinst Kanzler, bekäme das Land ein Staatsoberhaupt mit ungewöhnlichem Laster: Söder trinkt Cola zum Frühstück.

Den restlichen Tag auch. Das amerikanische Zuckerwasser ist Söders Treibstoff. Egal ob der Ministerpräsident bei einer Podiumsdiskussion in einem historischen Kino, auf einer Pressekonferenz oder bei einem Hintergrundgespräch Rede und Antwort steht, an seinem Platz wartet immer ein Glas Cola neben dem Mikrophon.

Markus Söder verfügt dank oder trotz der aufputschenden Wirkung seines Lieblingsgetränks über eine körperliche Konstitution, die nicht jedem Politiker in die Wiege gelegt ist. Er braucht kaum Schlaf, absolviert Termine am laufenden Band, verfolgt parallel pausenlos die Nachrichtenlage auf seinem Handy.

Jeden Tag um 5.30 Uhr klingelt sein Wecker, »spätestens«, wie er betont. Die Tageszeitungen hat er schon am Vorabend digital gelesen, er macht dann meist Rückenübungen und Gymnastik zur Stärkung der Muskulatur. Um 7 Uhr, »spätestens«, verlasse er das Haus. Um 7.15 Uhr, »manchmal auch um 7.20 Uhr«, sei er im Büro. »Ab 6 Uhr bin ich SMS-fähig, und ab 7 Uhr muss man mit meinem Anruf rechnen.« Der Landwirt in der Regierung, Finanzminister Albert Füracker, und Florian Herrmann, der Leiter der Staatskanzlei, seien dann schon ansprechbar, bemerkt Söder hochachtungsvoll. Es gäbe auch andere, die brauche man um diese Uhrzeit noch nicht zu kontaktieren.

Nach 22 Uhr führe er keine Telefonate mehr, erst recht keine »schwermütigen Gespräche mit Gläschen in der Hand. Ich trinke keinen Alkohol«. So etwas gäbe es bei ihm nicht. Dass der Bierautomat beim Bayerischen Rundfunk, wo Söder einst sein Volontariat gemacht hat, bereits um zehn Uhr morgens leer war, sei ihm ein abschreckendes Beispiel gewesen. Manchmal im Urlaub, am Meer vielleicht, genehmige er sich zum Essen ein Glas Weißwein, »aber nur zum Nippen. Am Ende bleibt es doch immer bei einer Cola light«.

Bayern, glaubt Söder, habe sich in den letzten Jahren »sehr verändert«. Man achte heutzutage mehr auf die Work-Life-Balance, vielen sei es wichtig, körperlich gesund und fit zu bleiben. Dass keiner seiner Minister in der Öffentlichkeit oder auf Empfängen Bier trinkt und selbst bei der 75-Jahr-Jubiläumsfeier der CSU im

September 2020 alkoholfreier Sekt ausgeschenkt wurde, hält Söder für völlig normal. Er mache da keine Vorgaben. Aber: »Von einem Minister erwarte ich natürlich ein Mindestmaß an Selbstkontrolle«, sagt Söder. Das hat sich rumgesprochen.

Wer sich als Journalist mit einem Mitglied der Staatsregierung zum Hintergrundgespräch in einer Wirtschaft verabredet, muss sein Helles allein trinken. Wenn das Interview um kurz vor Mitternacht beendet ist, kann es sein, dass der Minister sich im Anschluss noch ins Büro chauffieren lässt, es gäbe so viel zu tun.

Markus Söder macht auch gerne mit seinen Untergebenen Sport. Mit Michael Frieser duelliert er sich gelegentlich auf dem Tennisplatz, mit Florian Hahn spielt er Badminton, mit Dorothee Bär, Albert Füracker und Florian Herrmann unternimmt er am Wochenende Radtouren, und sein Pressesprecher Wolfgang Wittl hat ihn zum Tischtennis herausgefordert. »Früher hätte man gesagt, lass uns essen gehen«, sagt Söder. Das sei passé. Er glaubt, »dass körperliche Fitness die Voraussetzung für geistige Konzentration« sei. Und die ist Söder wichtig.

Kaum ein Tag verging in der Coronapandemie, an dem Söder nicht in den Abendnachrichten auftauchte, in einer Talkshow saß oder eine digitale Pressekonferenz gab. Gleichzeitig veröffentlichte er Durchhalteparolen, Appelle zu mehr »Vorsicht und Umsicht« oder Videobotschaften an seine Follower in den sozialen Netzwerken. Die Reaktionen in der Anfangszeit der Pandemiebekämpfung grenzten an Heldenverehrung.

»Gratuliere dem Land Bayern zu so einem tollen Menschen«, schreibt einer auf Facebook. Umsichtig, durchsetzungsfähig, klar und verständlich, kompetent, eloquent, informativ, vorausschauend, fähig, souverän, entschlossen – in den Kommentaren unter seinen Posts gab es kaum ein positives Attribut, das dem Politiker Söder nicht zugeschrieben wurde.

»Sie sind der wahre Bundeskanzler«, schrieb einer auf Facebook. Und: »Der beste Politiker, den Deutschland hat« hieß es dort nicht nur vereinzelt. »Sie haben meinen größten Respekt!«, meinte einer aus Brandenburg. »Ich wünsche, Ihre Kollegen der übrigen Bundesländer würden Ihrem Beispiel folgen«, kommentierte eine Saarländerin.

Die Krise katapultierte Markus Söder auf Augenhöhe mit Angela Merkel. Der Bayer und die Kanzlerin waren in den Pressekonferenzen zur Pandemiebekämpfung meist die dominierenden Figuren. Viel Respekt brachte der Diplomphysikerin Merkel ihre aus dem Ärmel geschüttelte, wissenschaftlich korrekte Erklärung des R-Wertes ein. Söders Botschaften klangen einfacher, martialischer, aber auch wesentlich einprägsamer. »Wer gläubig ist, soll beten, dass es Deutschland nicht zu hart trifft.« Und: »Das ist ein Stresstest für unser Gesundheitssystem.« Oder: »Corona ist wie ein Funke, der jederzeit ein Buschfeuer entzünden kann.« Dass Merkel die Kanzlerin ist und nicht Söder der Kanzler, merkte man vor allem daran, dass sie zuerst sprach. Während ihre Sätze phrasenhaft und zuweilen müde wirkten, war Söder Herr der Lage.

Es war pures Glück, dass Markus Söder neben der Kanzlerin die neuen Maßnahmen verkünden durfte. Zufällig hatte Bayern den Vorsitz der Ministerpräsidentenkonferenz turnusgemäß bis Ende September 2020 inne. Und Söder machte etwas daraus. Hamburgs Erster Bürgermeister Peter Tschentscher sprach als stellvertretender Vorsitzender der Ministerpräsidentenkonferenz ebenfalls auf jeder Corona-Pressekonferenz im Bundeskanzleramt. Wie viele Auftritte von ihm haben sich ins kollektive Gedächtnis des Landes eingegraben?

»Krisenzeiten sind Söder-Zeiten«, sagt Söders ehemaliger Berater Michael Backhaus. Der langjährige Hauptstadtjournalist, der unter anderem beim *Stern* als Leiter der Bonner Parlamentsredaktion und in der Chefredaktion der *Bild am Sonntag* in Berlin gearbeitet hat, leitete Söders Kommunikationsabteilung im Finanz- und Heimatministerium. Die zahlreichen innerparteilichen Gegner, so erinnert sich Backhaus, hätten stets gehofft, Söder werde sich bei der Bewältigung schwerer Krisen als politisches Leichtgewicht entpuppen. Zum Beispiel, als Horst Seehofer ihn nach dem Jahrhunderthochwasser 2013 mit der Koordination der Fluthilfemaßnahmen beauftragte. Oder als er Söder 2008 die Rettung der Bayerischen Landesbank infolge der Finanzkrise überließ. Statt zu scheitern, erledigte Söder beide Aufgaben mit Bravour. »In Wahrheit waren das seine Gesellenstücke«, sagt Backhaus. Der Unterschied von heute zu damals ist, dass die Menschen außerhalb Bayerns davon Notiz nehmen.

Söder erzählt gerne, wie er sich zu Beginn der Pandemie gleich nach dem Aufstehen die aktuellen Infektionszahlen des Robert Koch-Instituts habe durchfunken lassen und sich dabei gefühlt habe, wie ein Feldherr im Krieg, der bangen Mutes die Gefallenen zählt. Bei seinen Liveschalten in die Abendnachrichten war im Hintergrund häufig das Münchner Siegestor eingeblendet, darauf gut leserlich die Inschrift »Dem Bayerischen Heere«. Es wirkte, als müsse Söder mit seinen Truppen einem unsichtbaren Gegner die Stirn bieten.

Dass seine Krisenrhetorik und seine zuweilen monumentalen Auftritte zu Beginn der Pandemie nicht abschreckend oder übertrieben wirkten, lag daran, dass er zum ersten Mal eine Rolle verkörperte, die er sich nicht mühsam antrainieren musste. Er war vollkommen authentisch als Imperator, der nicht mehr die Bienen retten musste, sondern die Menschheit vor einer Pandemie. Mit der Ausbreitung des Virus änderte sich der Zeitgeist in Deutschland. Er wurde kälter, erbarmungsloser, autoritätsgläubiger. Zu Markus Söders Gunsten.

Dass er trotz aller Inszenierungslust Glaubwürdigkeit ausstrahlte, könnte auch mit Söders persönlicher Virusangst zusammenhängen. Seine Warnungen vor Leichtsinn und Unachtsamkeit waren nie gespielt. Vor zwei Dingen fürchte sich der Ministerpräsident, sagt einer aus dem CSU-Parteivorstand, der Söder lange kennt: »Krankheit und Kontrollverlust.«

Mitarbeiter, die hustend zur Arbeit erscheinen, schicke der Chef umgehend nach Hause – schon vor Ausbruch der Pandemie. Söders Pressesprecherin, die ihn seit über zehn Jahren auf Schritt und Tritt begleitet, trägt in ihrer Tasche schon immer Handdesinfektionsmittel für den Chef von Termin zu Termin. Neu sind nur die medizinischen Mundschutzmasken, die Söders Bodyguards stets griffbereit haben – sollte sich zum Beispiel ein Bürger unter freiem Himmel oder an einem Ort ohne Maskenpflicht dem Ministerpräsidenten nähern und ihn um ein Selfie bitten.

Söder hat sich für diesen Fall eine clevere Choreographie ausgedacht. Bürger oder Bürgerinnen mit Fotowunsch sollen sich nicht neben, sondern mehrere Meter vor den Ministerpräsidenten stellen und ihren Selfie-Arm ausfahren. Der Kopf des Souvenirjägers ist dann zwar etwas größer im Bild als der des ebenfalls Abgelichteten. Aber da die meisten Menschen ohnehin kleiner sind als der Zweimetermann Söder, wirken die hintereinander positionierten Personen auf dem Selfie annähernd gleich groß. Und nah, obwohl der empfohlene Corona-Mindestabstand von 1,50 Metern locker doppelt oder dreifach gewahrt ist.

Dass die Themen Krankheit und Tod den Ministerpräsidenten stark umtreiben, hängt mit seinen früh verstorbenen Eltern zusammen. Renate Söder war Dialysepatientin und verstarb 1994 mit nur 56 Jahren. Ihr Sohn Markus wurde im Januar 2020 54 Jahre alt. Die Geschichte vom plötzlichen Tod der Mutter drei Wochen vor seinem Einzug in den Bayerischen Landtag erzählte Söder in einer Rede auf dem CSU-Parteitag im Dezember 2017. Es war der Tag seiner Nominierung zu Horst Seehofers Nachfolger als Ministerpräsident.

»Ich dachte, die Welt gehört den Mutigen«, sprach Söder, »aber als von einem Tag auf den anderen meine Mutter verstarb, war plötzlich alles anders.« In ihrem leeren Krankenhauszimmer stand am Tag ihres Todes nur noch eine kleine Tasche. Eingerollt daneben die Wahlkampfplakate des Sohnes. Renate Söder hatte damit stolz ihr Krankenhauszimmer dekoriert.

Das Bild des verlassenen Sterbezimmers seiner Mutter muss sich Markus Söder stark eingeprägt haben. »Es gibt Dinge im Leben, die kannst du nicht ändern«, weiß er seitdem. Manche Menschen macht diese Erkenntnis geduldiger. Söder hingegen scheint Ohnmacht zu ängstigen. Kontrolle ist ihm wichtig, erst recht, wenn es um die eigene Gesundheit geht. Söders Personenschützer gehen neuerdings sogar neben ihm schwimmen, sollte sich der Ministerpräsident zum Frühsport ins Wasser wagen. Es könnte ja was passieren.

Sein Vater verstarb 2002 nach einem Herzanfall. Er lag im Koma, auf einer Palliativstation nahm die Familie Abschied. Söder ist dem Vater erst in dessen letzten Lebensjahren wirklich nahegekommen. Max Söder war gelernter Maurermeister, hatte ein kleines Unternehmen in Nürnberg. Als Junge wollte er Lateinlehrer werden. In der Lebenslotterie zog er aber ein anderes Los. 1930 geboren, musste Max nach dem Krieg auf dem Bau mithelfen. Mit enormem Fleiß und harter Arbeit, so erzählt es Söder, hat er es zu einem eigenen Geschäft gebracht.

Dass man sich im Leben anstrengen müsse, dass man nichts geschenkt bekomme, »das habe ich von daheim verinnerlicht«, sagt Söder.

Fleiß und Einsatzbereitschaft erwartet Söder auch von seinen Mitarbeitern und Ministern. Wer täglich bereit ist, Höchstleistungen zu vollbringen, der hat seine Treue und Loyalität sicher. Ab sechs Uhr morgens traktiert er seine Mitarbeiter mit SMS und Arbeitsaufträgen. Wer ein »Gumo«, die Abkürzung für »Guten Morgen« erhält, kann annehmen, dass er in der Wertschätzung des Chefs am oberen Ende rangiert. Mit Lob oder Begrüßungsformeln hält sich der Ministerpräsident als höchster Einpeitscher von Beamten und Bürgern in der Regel nicht auf. Rekordverdächtige neun Pressesprecher und Pressesprecherinnen beschäftigt Söder in der Staatskanzlei – unter Horst Seehofer waren es halb so viele. »Ich kommuniziere, also bin ich.« Das scheint die Philosophie des bayerischen Ministerpräsidenten zu sein. Mit der er allerdings zu Beginn der zweiten Corona-Welle im Herbst 2020 zusehends an Grenzen stieß.

Als Mitte Oktober die Infektionszahlen plötzlich wieder nach oben zu schnellen begannen, stießen Söders Appelle zu mehr »Vorsicht und Umsicht«, seine Forderungen nach »weniger Alkohol und weniger Party« bei vielen Bürgern im Freistaat auf taube Ohren. Der Dauerwarnton nervte nur noch. Die Stimme des Ministerpräsidenten hatte sich in eine Art Tinnitus verwandelt, den man ignorieren musste, um ihn loszuwerden. In der bayerischen Grenzregion Berchtesgaden schossen die

Corona-Kennzahlen derart in die Höhe, dass Markus Söder seine Gesundheitsministerin anwies, einen regionalen Lockdown zu verhängen. Den ersten in Deutschland zu dieser Zeit.

Söder wirkte nicht mehr wie der souveräne Krisenmanager, sondern wie ein selbstgerechter Deichgraf, der Kritikern Majestätsbeleidigung und seinem Volk kollektive Unvernunft unterstellte. Alkoholverbote, hohe Strafen für Maskenverweigerer, Sperrstunden für die Gastronomie, seine Drohung, dass Weihnachten »einsam« werden würde. Statt die Bürger zum Mitmachen zu motivieren, hielt Söder an seinen autoritären Erziehungsmethoden fest, mit denen er in der Anfangsphase der Pandemie Erfolge gefeiert hatte. Aber er merkte nicht, wie er das Gefühl für die Stimmung im Land allmählich verlor.

Als er auf einer der zahlreichen Corona-Pressekonferenzen verlautbarte, man könne ja »zum Beispiel zu Hause« mit der Partnerin tanzen, brachte er nicht nur Klubbetreiber gegen sich auf. Vor allem demonstrierte er erschreckende Empathielosigkeit. Dass es Menschen im Freistaat gibt, die keine Energie mehr, keine finanziellen Rücklagen, keine Urlaubstage mehr haben, um die Zumutungen eines erneuten Lockdowns auszuhalten, schien ihn wenig zu bekümmern. Dass nicht alle Menschen dafür gemacht sind, früh ins Bett zu gehen und zu Hause Cola light zu trinken, kam ihm offenbar ungeheuerlich vor.

In seiner Regierungserklärung zur Corona-Lage Ende Oktober gab es eine einzige Stelle, an der er emotional wurde: als es um ihn selbst ging. Söder las aus Drohbriefen von Corona-Leugnern vor. Während er minutenlang wüste, an ihn gerichtete Mordphantasien vortrug, wurde es im Plenum des Landtags ganz still.

Jetzt komme es auf die Gemeinschaft an, twitterte Söder eine Woche später. Die Ministerpräsidentenkonferenz hatte gerade beschlossen, Deutschland den ganzen November lang herunterzufahren. »Wir sind eine Solidargemeinschaft und kein Egoland«, wusste Söder plötzlich. Auch eine »große Parlamentsbeteiligung« zu den notwendigen und harten Corona-Maßnahmen kündigte er an. Offensichtlich hatte er gerade noch rechtzeitig bemerkt, dass er wie der übermütige Ikarus der Sonne gefährlich nahegekommen war.

In den Monaten zuvor hatte sich der Ministerpräsident jedenfalls wenig um parlamentarische Mitsprache gekümmert. Einmal erzählte er stolz, der Grünen-Fraktionsvorsitzende im Bayerischen Landtag Ludwig Hartmann hätte ihn per SMS um die Aufnahme von Covid-19-Patienten aus Italien gebeten, was er, Söder, umgehend umgesetzt hätte. Dabei vergaß er, dass sich Demokratie in der Regel im Parlament abspielt statt auf dem Handy. Wäre Söder Sonnenkönig im Freistaat, wäre das Smartphone sein Zepter. Und die Minister gut bezahlte Dienstboten.

Sein Kabinett tagt jeden Dienstag in der Münchner Staatskanzlei. Während der Coronapandemie allerdings nicht mehr im dafür vorgesehenen Ministerratssaal, sondern im Kuppelsaal des historischen Gebäudes, weil

nur dort die Abstandsregeln einzuhalten sind. Der Fuß-
boden ist mit rotem Marmor aus dem Tegernseer Tal,
hellem Juramarmor aus dem Altmühltal und schwarzem
Granit aus dem Bayerischen Wald ausgelegt. Es hallt wie
in der Hölle. Die hundertfach amplifizierte Bestimmer-
stimme des Ministerpräsidenten scheint nicht aus seinem
Körper zu kommen, sondern vom Himmel zu fallen. Je
weniger reden, desto besser. Meistens redete Söder.

Selbst Bayerns Gesundheitsministerin Melanie Huml,
eine ausgebildete Ärztin, war nicht mehr als eine Statis-
tin. Zu Beginn der Pandemie bekam sie bei Pressekonferenzen noch nicht mal ein eigenes Pult. Markus Söder
verkündet in der Regel ohnehin alles Wichtige selbst.
Die Minister zu seiner Linken und Rechten müssen minutenlang schweigen, bevor sie noch ein paar Details
apportieren dürfen wie hechelnde Hunde den Stock des
Herrchens.

Schon vor Ausbruch der Pandemie ließ er die Pressesprecher aller bayerischen Ministerien jeden Montag-
morgen in die Staatskanzlei kommen und sich die Termine der Woche präsentieren. Die besten übernahm er
selbst. Im Krisenmodus lief erst recht alles über seinen
Schreibtisch.

In einer Videobotschaft zu Beginn der Coronakrise
sagte Söder einmal: »Es kommen ganz spannende Zeiten auf uns zu«, bevor er sich, ganz Medienprofi, dann
doch noch korrigierte: »schwierige Zeiten«.

DIE OSKARVERLEIHUNG

Niemand, der Markus Söder öffentlich sprechen sieht, würde behaupten, der Mann sei ein schüchterner Mensch. Er selbst aber sagt genau das über sich: »Ich bin kein Partylöwe, der jedem auf die Schulter klopft und sich gerne in den Mittelpunkt stellt.« Der selbstbewusste, lautstarke und schlagfertige Politiker, den Söder in der Öffentlichkeit gibt, beschreibt seine unsichtbare wirkliche Seite so: »Ich hinterfrage mich. Erfolge fliegen vorbei. Etwas, was nicht läuft, beschäftigt mich Jahre später noch.«

Den echten Markus Söder kennt wohl niemand besser als Karin Baumüller-Söder, seine »engste Begleiterin«, wie Söder sagt. Sie tritt nur selten öffentlich in Erscheinung. Wenn überhaupt, dann bei repräsentativen Terminen wie der Eröffnung des Oktoberfests, auf dem roten Teppich am Premierenabend der Bayreuther Festspiele oder beim Neujahrsempfang des Ministerpräsidenten in der Münchner Residenz. Doch die Lust an spektakulären Verkleidungsorgien scheint sie mit ihrem Mann zu teilen. Bei der Fastnacht in Franken trat die 47-Jährige an Söders Seite als Marge Simpson, Charlie Chaplin oder Indira Gandhi auf.

Interviews gibt Karin Baumüller-Söder keine. Schon gar nicht über den Charakter ihres Mannes. Nur ein einziges Mal hat sie vor laufender Kamera über ihn gesprochen und wirkte dabei wie eine kluge und herzliche Frau, die nicht aus Schüchternheit im Schatten ihres Mannes bleibt. Im Landtagswahlkampf 2018 hatte der Bayerische Rundfunk Porträts über die Spitzenkandidaten der Parteien gedreht, in denen die menschliche Seite der zur Wahl stehenden Landesväter und -mütter beleuchtet werden sollte. Karin Baumüller-Söder begleitete ihren Mann beim Spaziergang mit den Hunden Fanny und Bella durch den Wald. Ob ihr im Standesamt klar gewesen sei, dass sie bei Markus Söder die Politik mitheirate, wollte der Reporter wissen. Sie lachte: »Selbstverständlich wusste ich immer, dass meinem Mann die Politik ganz, ganz wichtig ist.«

Er habe sich das höchste Amt im Freistaat immer gewünscht und lange darauf hingearbeitet. Als hätte sie ihm deshalb das ein oder andere nachsehen müssen, sagt sie in diesem Kurzfilm: »Ich liebe meinen Mann so, wie er ist.« Ihre Hand berührt seine Schulter, als sie ergänzt: »Er wäre nicht glücklich und zufrieden, wenn er 24 Stunden am Tag zu Hause wäre.« Söder beschreibt seine Frau als »Volloptimistin«. Sie vermittele ihm, »immer nach vorne zu schauen und nicht zurück«. Das Paar heiratete 1999, da war Söder seit fünf Jahren einfacher Abgeordneter im bayerischen Parlament.

Übermäßig schüchtern im Umgang mit Frauen kann Söder damals kaum gewesen sein. Jedenfalls zeugte er ein Jahr vor seiner Trauung mit Karin ein Kind mit Ulrike B. Er hatte sie in einem Nürnberger Sonnenstudio kennengelernt. Karin begegnete er etwa zur selben Zeit im Naturfreibad, wo er mit ihr zum Thema Sonnenbrand ins Gespräch kam.

»Markus kam als Kunde rein und hat mich sofort nach meiner Telefonnummer gefragt«, berichtete Ulrike B. 2007 in der *Bunten*. Offensichtlich führten die beiden eine On-off-Beziehung. »Markus war meine große Liebe. Er war früher ein toller Typ.« Dann aber, als sie schwanger wurde, habe Söder weder das Kind noch eine Heirat gewollt. »Ich glaube, ich war ihm wohl zu arm«, mutmaßte sie in der *Bunten*. Die Beziehung fürs Leben ging Söder mit Karin Baumüller ein. Sie kommt aus einer Nürnberger Unternehmerfamilie. Die Baumüller-Gruppe hat rund 2000 Mitarbeiter und entwickelt Maschinenbausysteme.

Wer diese Vorgeschichte kennt, versteht, warum Söder im Sommer 2020 enorm erbost war über das *Spiegel*-Cover, auf dem er als »Der Erbschleicher« bezeichnet wurde. Die Titelzeile zielte nicht auf Söders Privatleben. Sie wollte lediglich seine Rolle als Schattenkanzler pointiert darstellen. Die dazugehörige Geschichte beschrieb Söder als Mann, der Angela Merkel im Amt der Bundeskanzlerin beerben könnte, ohne zum offiziellen Bewerberkreis um ihre Nachfolge zu gehören.

Womöglich hätte die *Spiegel*-Chefredaktion den ungehörigen Schlag unter die Gürtellinie, als den Söder das Cover empfinden musste, gar nicht gewagt, wenn mehr über sein Privatleben bekannt gewesen wäre. In Hamburg wusste man schlicht nicht, dass der Handwerkersohn Söder eine Unternehmertochter geehelicht hatte – und das Wort »Erbschleicher« folglich wie eine fiese Unterstellung wirkte.

Söder hat Geld nie interessiert. Das sagt er unter anderem in dem erwähnten Porträt des Bayerischen Rundfunks. Wenn es einem ums Geld ginge, müsse man einen anderen Beruf ergreifen als den des Politikers, Sparkassenpräsident zum Beispiel. »Da fliegen einem die Euros zu.« Der Satz ist eine Spitze gegen Georg Fahrenschon, Söders Vorgänger im Amt des bayerischen Finanzministers. Fahrenschon wechselte 2012 aus der Politik ins Amt des Präsidenten des Deutschen Giro- und Sparkassenverbands. Politiker, die ihre Kontakte versilbern, indem sie gut dotierte Posten in der Wirtschaft annehmen, verachtet Söder.

Einmal, auf einer Weihnachtsfeier vor vier Jahren, erzählte er Journalisten von seiner Lieblingsszene aus der zweiten Staffel der TV-Serie *House of Cards*. Der amerikanische Vizepräsident Frank Underwood setzt darin den Industriellen Raymond Tusk unter Druck: »You may have all the money, Raymond, but I have all the men with guns.«

Wem es im Leben um Eitelkeit gehe, führt Söder im Film weiter aus, der müsse als Fernsehmoderator arbeiten. »Da fliegen einem die Herzen zu.« Diese Karriereoption hat Söder in den Wind geschlagen, als er 1994, ein Jahr nach seinem Volontariat beim Bayerischen Rundfunk, ein Mandat im Bayerischen Landtag errang. Politik, so Söder, sei eine Disziplin, in der man »viele, viele Fouls aushalten muss«. Deswegen auch die sparsamen Auftritte seiner Familie im Rampenlicht. Söder will sie schützen.

Mit Karin Baumüller-Söder hat er drei Kinder, die Tochter studiert in Nordrhein-Westfalen, und die beiden Söhne gehen noch zur Schule. »Meine Frau und ich haben uns bewusst für einen Weg entschieden, unsere Familie weniger öffentlich zu präsentieren. Wir wollen unseren Kindern eine größtmögliche Normalität bieten«, sagt Söder.

Einer der wenigen Termine im Pandemiejahr 2020, den er gemeinsam mit seiner Frau absolviert, findet Anfang September auf einem Reiterhof in Nürnbergs nördlichstem Stadtteil Buch statt. Dort tritt Karin Baumüller-Söder die Schirmherrschaft über die berittenen Einheiten der Bayerischen Polizei an. In seiner ersten Regierungserklärung als Ministerpräsident ein halbes Jahr vor der Landtagswahl in Bayern 2018 hatte Markus Söder angekündigt, für jede Großstadt des Landes eine »Bayerische Kavallerie« einrichten zu wollen.

Seine Herausforderer sahen in dieser Idee den Beweis für Söders Großmannssucht und seine Lust am monarchischen Barock. Bei der Fastnacht in Veitshöchheim war das Ehepaar Söder kurz zuvor als Königspaar erschienen. Sie als Auguste Ferdinande von Österreich, er als deren

Gemahl Prinzregent Luitpold, der das Königreich Bayern von 1886 bis 1912 regierte und der im Volk angeblich die Spitznamen »Bürgerkönig« und »der Vielfältige« trug. Reiterstaffeln seien keine Nostalgie, verteidigte sich Söder im Landtag, 200 Polizeipferde sollten »für eine ganz andere Sichtbarkeit und Respekt der Polizei im öffentlichen Raum« sorgen.

Zwei Jahre später sind immerhin 59 Pferde im Einsatz. Beim Termin auf dem Reiterhof übergibt Karin Baumüller-Söder der Polizeidirektion Mittelfranken Hengst Oskar, das neue Polizeipferd. Von einer »Oskarverleihung« spricht der Präsident Roman Fertinger deshalb stolz. Später wird er Karin Baumüller-Söder als Dank für ihren Einsatz als Polizeipatin ein goldenes Hufeisen überreichen. Auch der Innenminister Joachim Herrmann ist vor Ort. Fast schon devot sagt er zum Ministerpräsidenten: »Du kannst dich heute davon überzeugen, dass wir deinen Aufträgen nachkommen.« Die berittenen Einheiten würden weiter ausgebaut, bis Ende des Jahres sollen bayernweit 73 Pferde und Polizeireiter im Einsatz sein, verspricht er.

Markus Söder steht während der Oskarzeremonie stumm am Stehtisch. Beim Termin im Reitstall spielt er trotz seiner Omnipräsenz ausnahmsweise nur die zweite Geige. Ein Instrument, das ihm nicht besonders zu liegen scheint. Lieber ist er Dirigent. »Abstand halten!«, mahnt er die anwesenden Fotografen, die dieses Mal nicht ihn ablichten, sondern seine Frau vor Pferd Oskar oder seine Frau zwischen Innenminister und Polizeipräsident. »Masken bitte auf!«, verfügt er beim Gang Richtung Stallungen. Bevor seine Frau zum Rednerpult aufbricht, flüstert er ihr noch etwas ins Ohr, zeigt auf eine Stelle im Manuskript für ihre Ansprache.

Karin Baumüller-Söder hat Ahnung von Pferden. Rein optisch könnte sie die Schwester von Steffi Graf sein, ihre Leidenschaft ist aber der Reitsport. Seit ihrer Kindheit begeistere sie sich für Pferde, verriet der bayerische Innenminister in seinem Redebeitrag, bis vor kurzem nahm sie an Springreitturnieren teil. »Pferde sind besondere Wesen«, findet Baumüller-Söder. Die Tiere strahlten »Ruhe und Anmut aus, sind aber kraftvoll und dynamisch und damit faszinierend«. Viele Passagen ihrer Rede hält sie frei: »Berittene Einheiten werden nicht gefürchtet, sondern respektiert, was wichtig für die Beziehung zwischen Polizei und Bürger ist.«

Nach dem offiziellen Teil der Veranstaltung stürzen sich Fotografen und Reporter auf Markus Söder. Der steht am Rand der Reithalle, läuft aber in dem Moment, wo sich der Medienzirkus endlich ihm zuwendet, in die Mitte der Halle. Er positioniert sich so, dass bei den Interviews die sechs schwarzen, stoisch wirkenden Polizeipferde im Hintergrund zu sehen sind. »Ich könnte das nicht«, sagt er und meint den Umgang mit Pferden. Sein Lieblingssport ist der Fußball. Er selbst war allerdings kein Mannschaftssportler: Seine Jugend hat Söder auf dem Tennisplatz verbracht. Bis in die bayerische Bezirksklasse hat er es damals geschafft. Dem Deutschen Tennisbund sagte Söder in einem Interview, er sei einer, »der auf

Sicherheit spielt und seine Chance sucht«. Und, gewohnt selbstbewusst: »Mein Aufschlag ist nicht schlecht.«

Obwohl Söder in der Reithalle nur zwei Minuten lang Pressestatements gibt, schafft er es mühelos, den Bogen vom Nürnberger Stadtrand über die deutsche Hauptstadt bis nach New York zu schlagen. Berittene Einheiten der Polizei, so glaubt Söder, hätten »die Demonstranten von den Stufen des Berliner Reichstags sicherlich vertreiben können«. Wenige Tage zuvor hatten Teilnehmer einer »Querdenken«-Demo gegen die Corona-Politik der Bundesregierung eine Absperrung vor dem Bundestag durchbrochen.

Andere Nationen wie die USA hätten in Metropolen wie New York schon lange und erfolgreich Reiterstaffeln im Einsatz, fährt Söder fort. Er habe sich immer gefragt: »Warum haben wir das nicht in Bayern?« Womöglich hängt es mit den 7300 Euro zusammen, die ein Polizeipferd den Steuerzahler pro Monat kostet. Horst Seehofer, Söders Vorgänger im höchsten Amt des Staates, hatte sich damals vorgenommen, Bayern bis 2030 schuldenfrei zu machen. Seine Frau Karin war unter anderem Schirmherrin des ersten Kinderpalliativzentrums des Bundeslandes.

DER HUNDEFREUND

Enzo, Fanny und Bella. Das sind die Namen von Markus Söders Hunden. So sparsam er mit Details aus seinem Privatleben umgeht, über die vierbeinigen Mitglieder der Familie gibt er bereitwillig Auskunft. Enzo war ein schwarzer Retriever und »ein echt cooler Typ«, wie Söder der *Bunten* einst verriet. Söders Frau hatte Enzo mit in die Ehe gebracht, er starb vor 13 Jahren. Enzo liebte das Wasser und ließ für ein Pistazieneis alles stehen und liegen. Mit Labradorhündin Fanny zog Söder gerne durch den Nürnberger Reichswald, ein Reporter des *Münchner Merkur* durfte einmal mit. Fanny, die im Herbst 2019 zwölfjährig starb, sei »die entspannte Dame« gewesen. Die damals dreijährige Zwergpinscherdame Bella dagegen, mit der er heute durch die Wälder streift, sei »ein absoluter Wirbelwind und der perfekteste Wachhund, den es gibt«.

Mit Tieren, das hat Söder früh erkannt, lässt sich prima Politik machen. »Söder kämpft für Igel«, »Söder füttert Delfine«, »Söder lauscht den Grindwalen«, »Söder befreit bayerische Singvögel aus italienischen Käfigen«:

So lauteten einige der Überschriften, mit denen es Söder als selbsternannter »Lebensminister« in die Schlagzeilen schaffte.

Besonders hilfreich bei seinem Aufstieg an die Spitze des Freistaats waren stets die Hunde. Eindrucksvoll konnte man das an einem nebligen Novembervormittag 2016 im Englischen Garten beobachten. An diesem Tag trat Markus Söder in die Fußstapfen der CSU-Ikone Franz Josef Strauß – als Schirmherr des St. Bernhards-Klubs, eines über 125 Jahre alten Vereins für Bernhardinerhunde.

Ende 2016 ging der Machtkampf um Horst Seehofers Erbe in die entscheidende Phase. Chefwechsel werden in der CSU meist von unten erzwungen, nicht von oben gestaltet. Um Revolutionen gar nicht erst entstehen zu lassen, begann Seehofer das Jahr 2015 mit der Ankündigung, er werde sich bei der Landtagswahl 2018 nicht um eine dritte Amtszeit bewerben. Seitdem konkurrierten die damalige Wirtschaftsministerin Ilse Aigner, Innenminister Joachim Herrmann und Finanzminister Markus Söder um den freiwerdenden Posten.

Söder hat schnell begriffen, dass er weder auf natürliches Charisma noch auf die Gunst des Parteivorsitzenden zu setzen braucht. Seine Strategie lautete: netzwerken, eine eigene Machtbasis aufbauen, die einfachen Parteimitglieder hinter sich bringen. Warum nicht gleich auch die über 1,5 Millionen Hundebesitzer im Freistaat?

Quantum vom Baronenschloss ist ein ansehnlicher Bernhardiner, und sein großer Name ist ihm vermutlich genauso wurscht wie die Frage, wer Bayern regiert. Anfassen lassen will er sich nur von jemandem, den er mag. Quantum, die ehrliche Haut, weiß nicht, dass er an diesem Freitagmorgen im Englischen Garten Teil von Söders Plan ist. Als der Minister ihm die Hand ins Fell gräbt und für die Fotografen neben ihm in die Knie geht, schüttelt Quantum heftig den Kopf und verpasst Söder einen Kinnhaken. Der Rüde ist grantig, der damalige Finanz- und Heimatminister dagegen bester Laune.

Söder wäre nicht Söder, hätte er die Szene nicht elegant gerettet. »Ich liebe Hunde. Ich finde Hunde sensationell. Ich wollte schon immer einen Bernhardiner«, verkündet er im Blitzlichtgewitter. Über die »große Ehre«, die ihm in diesem Moment zuteilwird, verfasst Söder nur wenige Stunden später einen Facebook-Eintrag. Damit auch noch der letzte Wähler das tierliebe Herz des Ministers schlagen hört, endet er mit den Worten: »Bin selbst bekennender Hundefan.« 481 digitale Daumen gehen hoch. Noch mehr waren es drei Wochen zuvor, als er das neue Familienmitglied Bella per You-Tube-Video vorstellte: Der Welpe sei »ganz harmlos, ganz süß. Mir fast ein bisschen zu klein.«

Das findet auch die Chefin des St. Bernhards-Klubs in Bayern, Marie-Luise Löhr: »Mächtige Hunde brauchen einen mächtigen Mann als Schirmherrn.« Als sie vor zwei Jahren Markus Söder für diese große Ehre anfragte, sagte der binnen weniger Tage zu. Einen Tag vor der Bernhardiner-Klub-Schirmherrschaft übernahm Söder die Patenschaft für die Stiftung der Deutschen Polizeigewerkschaft, davor die Schirmherrschaft für die Wallenstein-Festspiele in Memmingen. Auf die Frage, warum sie nicht den mächtigsten Mann des Staates Bayern, Horst Seehofer, als Schirmherrn auserwählt habe, antwortet Löhr: »Der Söder ist mir sympathischer.«

Es sind Worte, die aufhorchen lassen. Söder war bis dahin ein Politiker, dem seit seiner Zeit als krawalliger CSU-Generalsekretär in den Jahren zwischen 2003 und 2007 viele zweifelhafte Attribute anhängen: Machtbesessen, redebegabt, selbstbewusst und durchsetzungsstark soll er sein. »Politischer Hallodri«, »Teflonmann«, »CSU-Lautsprecher«, »Attackenreiter«, »Wadlbeißer«, »Fallbeilchen«: So lauteten Söders Spitznamen damals. Er teilte so heftig aus wie wenige Generalsekretäre vor ihm.

Aber auch sechs Jahre später, als er vom Europaminister und Lebensminister zum Finanz- und Heimatminister gereift war, gab sich Söder nicht sonderlich zimperlich in Interviews. Nach Ostern 2014, Merkel regierte seit einem Jahr mit der SPD in einer großen Koalition, behauptete er im *Spiegel*, die »APO-Opas« hätten das Land in die Krise geführt. Aus »Made in Germany« sei »Murks in Germany« geworden. Typische Tugenden wie Leistungsbereitschaft, Pünktlichkeit und Disziplin seien verloren gegangen. Jede Form von Patriotismus werde verneint. »In Klassenzimmer gehören Kruzifixe und keine Kopftücher«, forderte er.

Der Beifall an den Stammtischen des Freistaats war Söder schon immer sicher. Von dieser in Bayern nicht zu unterschätzenden Machtbasis aus baute er mit seinen Touren quer durch alle bedürftigen Landesteile nimmermüde ein fein verästeltes Unterstützersystem aus. Provinz ist, wo er ist. Der Franke Söder verkehrte noch nie gerne in der Welt der Münchner Altbaubohème oder der oberbayerischen Prachtsbachelschickeria mit ihren Zweitwohnsitzen am Starnberger See. Das Heimatministerium – von Seehofer nach der Landtagswahl 2013 ersonnen und Markus Söder zusätzlich zu seinem Amt als Finanzminister zugefallen – ist Söders Schlüssel zum späteren Einzug in die Staatskanzlei. Zwar gehört es offiziell zum Münchner Finanzministerium, sein geographisches Zuhause aber liegt mitten in Söders Heimat Nürnberg.

Als Söder Ende November 2013 den Mietvertrag für das Heimatministerium unterschrieb, sprach er von einem »historischen Moment«. Zum ersten Mal seit 207 Jahren werde Bayern nicht mehr nur von München aus regiert: Das Ministerium kostet eine halbe Million Euro Miete im Jahr und ist in einem Gebäude untergebracht, das früher als Bank genutzt wurde. Den Tresorraum im Keller gibt es immer noch. Zwei mannsdicke Stahltüren führen in einen Raum voller Schließfächer, geheimnisvoll in dunkelblaues Licht getaucht. Der perfekte Ort für allerhand Symbolpolitik. Söder nutzt den ungewöhnlichen Dienstsitz allerdings für viel mehr.

Der Posten des Heimatministers ist eine Herkulesaufgabe für einen, der gern Herkules spielt. In keinem Bundesland ist im Jahr 2013 Reichtum so ungleich verteilt wie hier. Viele Gemeinden in Bayerns ehemaligem Zonenrandgebiet kämpfen ums Überleben. »Unsere bayerische Heimat ist die Vorstufe zum Paradies«, sagte Horst Seehofer im Wahlkampf 2013. Das mag für Südbayern stimmen – schneebedeckte Berge, touristenüberlaufene Märchenschlösser und eine Landeshauptstadt, die 41 Prozent des bayerischen Steueraufkommens generiert. Die nordbayerische Heimat dagegen kämpft mit Landflucht, Firmenschließungen und Leerstand.

Landesvater Edmund Stoiber setzte einst auf »Laptop und Lederhose«, förderte Spitzentechnologie und Eliteunis rund um München. Um den Bau der dazu passenden Datenautobahnen kümmerte sich die Landesregierung nicht. Bayern hinkte deshalb 2013 beim Ausbau des schnellen Internets anderen Bundesländern deutlich hinterher.

Im Sommer 2014 rief Markus Söder ein Programm für schnelleres Internet in ganz Bayern ins Leben, das die bis dato bundesweit einmalige Fördersumme von 1,5 Milliarden Euro umfasste. »Heimatförderung ist Hightech, nicht Folklore«, sagte Söder damals. Als Heimatminister überschüttete er in der Folge nicht nur Hunde mit Zuneigung, sondern vor allem sehr viele Gemeinden am Rande Bayerns mit sehr viel Geld. Sein Trick dabei: die persönliche Übergabe von Förderbescheiden.

In den 1618 Tagen seiner Amtszeit als Heimatminister verteilte Söder 2731 Förderbescheide in ganz Bayern. Insgesamt 37 Behörden und staatliche Einrichtungen verlagerte er in den ländlichen Raum. Der bayerische

Beamtennachwuchs wird nicht mehr nur in München ausgebildet, verschuldete Regionen bekommen mehr Geld. Er legte ein millionenschweres Krankenhausbauprogramm auf, genauso wie »BayernWLAN« in 20 Bussen im Landkreis Weilheim, inklusive Jugendschutzfilter. Wenn am Königsee ein neues Elektromotorboot getauft wurde oder in Pfaffenhofen an der Glonn der Katholische Burschenverein Jubiläum feierte, die Heimatmedaille, der Dialektpreis oder wieder mal einer von über 2000 Breitbandförderbescheiden verliehen wurde, durfte einer nicht fehlen: Söder.

Im Durchschnitt fanden pro Tag ein bis zwei Geldübergaben statt. Söders Facebook-Timeline zu der Zeit quoll über mit Fotos, auf denen der Minister breitbeinig zwischen einer aufgeregt lächelnden CSU-Dorfdelegation steht und eine weiß-blaue Fördermappe übergibt. 22 502 Euro für Neuburg am Inn, 600 000 Euro für Oberasbach, 700 000 Euro für Burgthann – überall das gleiche Bild: Männer mit Krawatte oder Trachtenjanker neben Söder in Spendierhose. Der Bürgermeister von Markt Mallersdorf-Pfaffenberg, der 900 000 Euro für den örtlichen Breitbandausbau kassierte, jubelte, DSL heiße für ihn: »Dank Söder läuft's.« Eine Anekdote, die Söder der Öffentlichkeit nicht vorenthalten wollte. Hinter seinen Facebook-Eintrag setzte er drei lachende Smileys.

»Politik ohne Kreativität ist Bürokratie«, sagt Söder heute. Die persönliche Übergabe von Förderbescheiden ist eine seiner Erfindungen, die in Bayern mittlerweile von fast jedem Ministerium und jedem Minister praktiziert wird.

Auch die unter dem Motto »Aktivieren statt alimentieren« angestoßenen Behördenverlagerungen in den ländlichen Raum haben sich vielerorts rentiert, etwa in der 8000 Einwohner zählenden Gemeinde Tirschenreuth, deren Arbeitslosigkeit mit 2,8 Prozent historisch niedrig ist.

Der »demographische Turnaround« sei Bayern nachweislich gelungen, vermeldete Söder bereits drei Jahre nach Dienstantritt stolz. »Der ländliche Raum wächst«, lautete die frohe Botschaft des Heimatberichts 2016. Wer diesen genau las, stellte zwar fest, dass immer noch mehr Bayern sterben als geboren werden, dass aber der Wanderungssaldo in vielen strukturschwachen Regionen positiv war. Es kamen also mehr Menschen nach Oberfranken oder in die Oberpfalz, als es Menschen gab, die diese Regionen verlassen haben. In einigen Regionen wurden sogar Einwohnerrekorde verzeichnet.

Allerdings wurde die Landflucht im Jahr nach der Flüchtlingskrise auch durch Söders Förderbescheidisierung des Freistaats nicht gestoppt. Die meisten der Neubayern im ländlichen Raum kamen aus dem Ausland. Viele davon waren Asylbewerber.

Horst Seehofer, der Erfinder des Heimatministeriums, hat seine Idee 2018 nach Berlin exportiert und die Zuständigkeit für Heimat und Landesentwicklung ins eigene Bundesinnenministerium integriert. Auch Nordrhein-Westfalen hat seit 2017 ein Heimatministerium.

Das Bayerische Heimatministerium wird inzwischen von Albert Füracker geleitet, nach wie vor in Kombination mit dem Münchner Finanzministerium. Fürackers Stimmkreis ist Neumarkt in der Oberpfalz. Die Pendelei zwischen seiner Heimat und dem Dienstsitz des Finanzministeriums in der bayerischen Hauptstadt ist offenbar anstrengend genug. Oft halte sich der neue Heimatminister jedenfalls nicht in Nürnberg auf, heißt es. Söder hingegen verbrachte als Heimatminister mindestens zwei Tage die Woche in Franken.

Journalisten trifft er dort bis heute gerne zu Hintergrundgesprächen. Das helle, luftige Büro mit dem Foto von südländischen Zypressenwipfeln vor blauem Himmel an der Wand hinter dem Schreibtisch benutzt Söder als Ministerpräsident immer noch. Frisch an der Fassade aus Sandstein steht der Schriftzug: »Bayerische Staatskanzlei Außenstelle Nürnberg«. Andere haben ein Homeoffice, Söder ein Heimatministerium.

HEITER IM ABGANG

Mit Markus Söder Small Talk zu bestreiten, ist unmöglich. Meistens fragt er zur Begrüßung nicht einmal, wie es einem geht. »Was gibt's Neues?«: So lautet seine typische Gesprächseröffnung. Wehe, der Gesprächspartner erzählt vom geplatzten Radreifen, der veganen Currywurst in der Landtagskantine oder dem daraus resultierenden Ketchupfleck auf der Bluse. Söder würde regungslos die Hand heben und beiläufig auf die dicke Uhr am Handgelenk schauen. Immerhin ist er so ehrlich, Interesse am Gegenüber nicht zu simulieren.

Die beste Antwort auf seine Eingangsfrage geht in etwa so: »Seehofer hält Sie für den fähigsten Kanzlerkandidaten der Union.« Sofort kommt Leben in sein Gesicht, er lacht laut auf, schüttelt den Kopf, wittert eine Falle, glaubt, dass Seehofer ihn mit Aussagen dieser Art provozieren wolle.

Ilse Aigner ist anders. Sie glaubt an das Gute im Menschen. Betritt sie den Raum, in dem ein Interview mit ihr stattfinden soll, setzt sie ihr herzlichstes Lachen auf, macht ein beiläufiges Kompliment zur Begrüßung, die neue Frisur, die neue Brille, die ungewöhnlichen Schuhe des Gegenübers würden ihr sofort auffallen. Man könnte mit ihr über Radlpannen und Kantinenunfälle sprechen und laut lachen dabei. Sie ist eine sehr nette Person. Und deshalb nicht Ministerpräsidentin Bayerns.

»Die Guten brauchen nur einmal Glück. Die Bösen immer.« Das Zitat stammt aus *Narcos*, einer amerikanischen Netflix-Serie über kolumbianische und mexikanische Drogenkartelle, die Markus Söder manchmal streamt. Der Satz hat ihm gefallen. Söder ist Perfektionist, nie würde er dem Zufall freien Lauf lassen, ins Risiko gehen, auf gute Fügung warten. Deshalb ist er Ministerpräsident Bayerns geworden. Dabei hatte er im Rennen um den Einzug in die Staatskanzlei mehr als einmal Glück. Mindestens zweimal.

Als Erstes stolperte Karl-Theodor zu Guttenberg über seine Doktorarbeit, die als Plagiat enttarnt wurde und ihn als Schwindler bloßstellte. Er trat 2011 als Bundesverteidigungsminister zurück, worauf sein Fixstern am christsozialen Führungskräftefirmament verglühte.

Als Zweites stolperte Ilse Aigner über ihre eigenen Füße. 2018 war die Zeit reif für die erste Frau an der Spitze des Freistaats. Nur Ilse Aigner war es nicht. Dabei hatte sie beste Voraussetzungen, als sie 2013 wie eine Kronprinzessin die Bühne in Bayern betrat. Damals glaubte sogar Markus Söder, die besten Chancen auf das Erbe von Horst Seehofer habe eine Frau. Zur fränkischen Fastnacht in Veitshöchheim erschien er als Marilyn Monroe verkleidet. Schließlich, so seine Begründung, habe der Ministerpräsident und Parteivorsitzende die Losung ausgegeben, die Zukunft der CSU sei weiblich. Horst Seehofer hatte die damalige Bundesagrarministerin Aigner aus der Bundespolitik in die Landespolitik abgeworben – wem er seine Nachfolge anvertrauen wollte, war ab diesem Zeitpunkt jedem klar.

Auf dem politischen Aschermittwoch desselben Jahres in Passau durfte Ilse Aigner neben Edmund Stoiber und Horst Seehofer zum Bayerischen Defiliermarsch in die Halle einziehen, während Söder auf der harten Bierbank im Takt klatschen musste wie ein aufgezogenes Spielzeugäffchen.

Aber schon bei ihrem Neustart im Freistaat ein halbes Jahr später machte Aigner einen Fehler: Sie wollte nicht Fraktionsvorsitzende werden, wo sie sich ein Netzwerk an Verbündeten in der eigenen Partei hätte aufbauen können.

Stattdessen entschied sie sich für das Wirtschaftsministerium. Ein Amt mit wenig Gestaltungsmacht, von dem sie sich aber schöne Termine mit Entscheidern, Wirtschaftsbossen und viel Zukunftstechnologie versprach. Das Gegenteil des Finanzministeriums, das Söder damals leitete. Seehofer verlagerte als Willkommensgeschenk für seine neue Wirtschaftsministerin die Zuständigkeit für Medienförderung in ihren Geschäftsbereich. Aigner waren damit glanzvolle Auftritte als Ehrengast auf Filmbällen, Kinopremieren und Theaterfestivals möglich. Söder indessen hatte weiterhin eifrig politische Schwarzbrotschnittchen zu streichen.

Unter anderem fiel die Rettung der Bayerischen Landesbank in seinen Aufgabenbereich. Im Zuge der Finanzkrise von 2008 war sie unter anderem durch die Milliardenpleite der BayernLB-Tochter Hypo Group Alpe-Adria in Schieflage geraten und konnte nur durch ein milliardenschweres Rettungspaket des Freistaats vor dem Untergang bewahrt werden. Als Söder Finanzminister wurde, war all das bereits geschehen – seine Aufgabe bestand darin, mühsam die Scherben aufzukehren.

2013 verkaufte er die staatliche Wohnungsbaugesellschaft GBW an einen Privatinvestor. Mehr als 80 000 Menschen wohnten in den GBW-Häusern. Einige beschwerten sich in der Folge über drastische Mieterhöhungen, zogen vor Gericht. 2018 versuchte ein Untersuchungsausschuss des Bayerischen Landtags zu klären, ob der Freistaat nicht hätte versuchen sollen, der Landesbank die Wohnungen abzukaufen, statt sie an den Höchstbietenden zu verscherbeln. Söder steckte zu der Zeit mitten im Landtagswahlkampf. Der Mangel an bezahlbarem Wohnraum im Großraum München avancierte zum großen Thema. Obwohl die Opposition dem Privatisierer Söder am Ende kein strafrechtlich relevantes Vergehen nachweisen konnte, schadete ihm die Sache enorm.

Ilse Aigner hatte als Wirtschaftsministerin ebenfalls eine gewaltige Herausforderung zu bewältigen: Sie musste die Energiewende im Freistaat vorantreiben, schließlich war Bayern nach dem Reaktorunglück von Fukushima im März 2011 aus der Atomkraft ausgestiegen.

Diese Aufgabe hätte nicht nur schöne Bilder in der Natur oder zwischen lächelnden Solarstrombefürwortern produzieren, sondern auch Aigners politisches Kapital steigern können. Bislang war sie durch viele Auftritte im Dirndl aufgefallen, mit ihrem netten Lächeln, ihrer zugewandten Art. Einen Ruf als geschickte Managerin epochaler Herausforderungen wie der Klimawende fehlte ihr noch. Seehofer servierte Aigner das Rüstzeug fürs höchste Amt im Staat auf dem Silbertablett.

Söder bekam als Entschädigung, so erzählen es seine Berater von damals in Hintergrundrunden, die Verantwortung für Heimat zugeteilt. Im gemeinsamen Gespräch wehrte sich Söder gegen diese aus seiner Sicht zusätzliche Last auf seinen Schultern, fragte erstaunt: »Warum denn ich?«, mit Folklore habe er doch gar nichts am Hut. Vermutlich witterte er, wie immer, eine Falle, wenn ihm jemand etwas Gutes tut. Dass ihm Seehofer mit dem Heimatministerium den Schlüssel zum Eintritt in die Staatskanzlei geschenkt hatte, war zu diesem Zeitpunkt keinem der beiden Männer klar.

Vielleicht dachte Seehofer wirklich, Aigners Konkurrenten eine Falle stellen zu können, indem er ihn zum Heimatminister machte. Dass Söder mit Bürgern keine Augenhöhe herstellen kann, bisweilen unfähig wirkt in Small Talk und Plauderrunden, wird auch Seehofer nicht entgangen sein. Vielleicht hatte er heimlich gehofft, Söder würde das CSU-Motto »Näher am Menschen« nicht mit Leben füllen können, sich entlarven als ehrgeiziger Machtstratege.

Dass es anders kam, liegt an Söders Einfallsreichtum. Er absolvierte so viele Termine am Tag, dass er vor Ort nur wenig Zeit für Gespräche mit echten Menschen hatte. Nach dem Fototermin zur Förderbescheidübergabe musste er schnell wieder weg. Den Kontakt mit der Bevölkerung hielt Söder schon immer am liebsten über die sozialen Netzwerke. Mit selbstgedrehten Videos, Twitter-Botschaften oder Facebook-Einträgen schaffte es Söder bis in die Wohnzimmer seiner Wähler, ohne je dort gewesen zu sein. Aus großer Distanz Nähe simulieren: Darin ist Söder Meister.

2016 ging sein eigener YouTube-Kanal online, Twitter und Facebook nutzte er schon davor. Exzessiv: Weltpolitiker, Landesvater, Stammtischler, Fußballfan – Söder präsentierte sich als Mann mit vielen Identitäten. Mal hielt er auf dem Balkon eines Hotels in Israel eine Rede gegen den Terrorismus, gefilmt mit dem eigenen Smartphone, dann sendete er Grüße von Schloss Neuschwanstein, und natürlich dokumentierte eine Kamera im Münchner *Hofbräuhaus* die zwei Schläge, mit denen er das Jubiläumsbierfass zu den Feierlichkeiten von »500 Jahre Reinheitsgebot« anzapfte. Gefolgt von einem 22 Sekunden langen Videoclip, in dem Söder mit Maßkrug in der Hand der Fußballmannschaft Greuther Fürth viel Erfolg für das Spiel am Abend gegen Freiburg wünschte.

Immer wieder streute Söder vermeintlich lebensnahe Botschaften in seine Ansprachen und Reden ein: Kommentare zum Bundesligageschehen, Selfies mit Vollbart, Anekdoten über seine Zeit als Bundeswehrsoldat, Urlaubsfotos aus New York, Hotdog in Nahaufnahme, Selfie am 9/11 Memorial und auf dem Empire State Building, verstehen mit dem Hinweis, welche *King Kong*-Verfilmung er am besten fand. Die von Peter Jackson. Sein Lieblingssong von Elvis? »I Was the One«.

Innerhalb der CSU sorgte die Söder'sche Präsenzoffensive für einigen Argwohn. Ilse Aigner warf Söder intern narzisstisches Machtstreben vor, sie präsentierte sich im Gegenzug zu seiner One-Man-Show als Teamplayerin. Als eine, die den Bürgern zuhören kann, anstatt sie zu Empfängern des eigenen Sendebewusstseins zu machen.

Aber: Auch Ilse Aigner legte sich Profile in den sozialen Netzwerken zu, postete Fotos vom Wochenende – eine Katze, die sich im Gras räkelt. Ein Windbeutel mit Himbeeren. Dazu die Erklärung: »Bevor heute wieder der politische Alltag beginnt, noch ein kleiner Rückblick auf meinen gestrigen wunderschönen Sonntagsausflug! Kann euch leider nicht verraten, wo das war, soll ein Geheimtipp bleiben.«

Zeitweise lieferten sich Söder und Aigner bizarre Duelle im Internet. Am Karfreitag 2016 fotografierte er das gebratene Tier auf seinem Teller und textete: »*#fisch* statt *#fleisch*. *#karfreitag* ist für uns *#Christen* ein wichtiger *#Tag*.« Aigner servierte schwerere Kost: »*#Karfreitag*: Die Unsicherheiten dieser Zeit sind das Rohmaterial für unseren Glauben. Gott hält die ganze Welt in seiner Hand! (Corrie ten Boom). Heute denke ich ganz besonders an die Opfer von #*Brüssel*.« Im März 2016 hatten Selbstmordattentäter am Flughafen der belgischen Hauptstadt 32 Menschen in den Tod gerissen.

Aigner, die alle in der Partei »die Ilse« nennen, hätte die erste Ministerpräsidentin Bayerns werden können. Sie ist trotz ihrer Popularität krachend gescheitert. Weder gelang es ihr, die Energiewende spannend zu verkaufen oder wegweisende Konzepte zu liefern, wie Bayern ohne Atomkraftwerke, Stromtrassen und Windräder leuchten könnte. Noch schaffte sie es, Oberbayern, den bedeutendsten Bezirksverband der CSU, dessen Chefin sie ist, auf Loyalität einschwören. Aigner fehlte der Biss. Sie pflegte einfach weiter ihr nettes Image. Lächeln statt Zähne zeigen.

Einmal verhaspelte sie sich bei der Haushaltsrede, die sie für den erkrankten Ministerpräsidenten halten musste, an der wichtigsten Stelle. Sie sagte: »Die Zeiten werden heiter, äh, härter.« Ihr Scheitern ist eine Warnung an alle Frauen, die in Männerdomänen nach oben kommen wollen und meinen, mit Fleiß und geräuschloser Effizienz punkten zu können. Einmal sagte einer ihrer Mitarbeiter scherzhaft über seine Chefin: »Gute Mädchen kommen in den Himmel.«

Aber sicher nicht in die Staatskanzlei.

Ilse Aigner hat das Spiel um die Macht immer abgelehnt. Es darf sie nicht wundern, dass sie es verloren hat. Es ärgere sie, sagte Aigner 2015, dass die Nachfolgefrage politische Inhalte überlagern würde. Sie wolle nicht so werden wie Söder. »Ich will Teamarbeit für unser Land.«

Die Klügere gebe nach, sie habe eben darauf verzichtet, »den letzten Ellenbogen« auszufahren. So spricht Aigner heute über ihr Duell mit Söder. Das ist deshalb eine geschickte Antwort, weil sie suggeriert, Söder habe mit unfairen Methoden gearbeitet, während sie stets über der Gürtellinie attackiert hätte. Dabei hat Aigner den Kampf gar nie aufgenommen.

Söder macht aus dem popeligen Heimatministerium mehr als Aigner aus dem prestigeträchtigen Wirtschaftsministerium. Sie selbst wirkt in ihrer aktuellen Rolle als Präsidentin des Landtags, die Sitzungen leitet und ansonsten viele repräsentative Termine wahrnimmt, zwar glücklich wie nie. Für alle Frauen im Freistaat, die gerne nach oben gewollt hätten, aber nicht den roten Teppich ausgerollt bekamen, ist Aigners Scheitern eine ärgerliche Enttäuschung.

Kurz nach der Nominierung von Markus Söder als Spitzenkandidat für die Landtagswahl 2018 trank Aigner in der Landtagsgaststätte ein Glas Sekt und demonstrierte wie immer Heiterkeit. Die Zeit sei »vielleicht noch nicht so weit für eine Frau an der Spitze«. Was für ein Unsinn.

Der Freistaat hat eine der höchsten Frauenerwerbsquoten in den alten Bundesländern und die meisten Männer, die in Elternzeit gehen. Bayern gehörte zu den ersten deutschen Ländern, in denen 1919 das aktive und passive Frauenwahlrecht angewandt wurde. Die erste

Bundestagsvizepräsidentin war mit Maria Probst eine Frau aus der CSU. Seitdem sind 56 Jahre verstrichen. Ohne Ministerpräsidentin in der Chefetage der Bayerischen Staatskanzlei.

DER WINTER NAHT

Damit sich die vielen Interviews, die Markus Söder pro Woche gibt, nicht unnötig in die Länge ziehen, hat sich der bayerische Ministerpräsident einen Trick einfallen lassen: Journalisten platziert er auf Mobiliar, das einst von Franz Josef Strauß weichgesessen wurde.

Die mintgrün bezogene Sitzgarnitur aus geschwungenem Erlenwurzelholz im Gesprächszimmer der Staatskanzlei ist nicht nur höllisch unbequem, sie passt auch optisch nicht zu den hellen Buchenholzdielen des vermutlich irgendwann in den neunziger Jahren mit viel Glas, Grau und Türkis renovierten Panoramaraums. Söders Vorgänger in Amt und Würden hatten die im Empirestil des 19. Jahrhunderts angefertigten Lieblingsmöbel von Franz Josef Strauß in den Keller verbannt. Dort hat sie keiner vermisst. Bis Markus Söder ihre Eignung als Folterinstrument erkannte. Oder ihrem geschichtlichen Charme erlag.

Dem Hauch von Biedermeier am Arbeitsplatz versucht Söder mit seinen Tassen entgegenzuwirken, die bei keinem Interview auf dem Glastisch fehlen dürfen.

Es sind meist Superhelden darauf abgebildet – Spiderman, der unglaubliche Hulk oder *Star Trek*-Figuren. Sie machen den Stilmix aus WG-Küche, evangelischer Kirche und Versailles in Söders Reich perfekt und sorgen nebenbei dafür, dass ihr Besitzer bodenständig wirkt. Wie ein Mensch, der ein Leben abseits staatsmännischer Pflichterfüllung kennt.

Seitdem er die CSU-Parteitage aus Infektionsschutzgründen nur noch digital abhält und seine Rede zur Lage der Partei aus dem Büro hinaus ins Internet gestreamt wird, stellt Markus Söder die Spaßtassen gut sichtbar auf seinen Schreibtisch. Der kalkulierte Effekt – großes Schenkelklopfen und Hurragerufe in den sozialen Netzwerken – verrät ihn als Mann, der Kind geblieben sein mag. Aber auch als einen, der mit menschlichen Reaktionen spielt.

Ende September, beim virtuellen Parteitag der CSU, hatte Söder eine schwarze Tasse neben sich ins Bild gerückt. Darauf stand »Winter is coming«, das Motto des Königshauses Stark aus der Seriensaga *Game of Thrones*, passend zur besorgniserregenden Kernbotschaft seiner Grundsatzrede. »Die zweite Welle läuft«, warnte Söder, vielleicht sei das Virus sogar »ansteckender als bei der ersten Welle«.

Herr Söder, was fasziniert Sie an Game of Thrones?

Seit der ersten Folge, in der ich die Weißen Wanderer nördlich der Mauer zum ersten Mal gesehen habe, bin ich gepackt vom *Game of Thrones*-Fieber. Dabei habe ich die Serie erst spät entdeckt. Die Ausstrahlung der ersten Staffel war da schon ein Jahr her. Ich hatte eine Erkältung, war zu Hause und wollte etwas Neues im Fernsehen schauen. Das Cover der DVD hat mich angesprochen: Sean Bean, der Schauspieler, den ich aus *Herr der Ringe* kannte und der in *Game of Thrones* Ned Stark spielt, saß auf dem Eisernen Thron. Das Spannende an der Serie sind die verschiedenen Handlungsstränge und die ständigen Überraschungen. Es gibt keine dramaturgischen Regeln bei *Game of Thrones*. In keiner Serie gehen die Hauptdarsteller so schnell verloren wie hier. Insofern ist man schnell gefesselt und wird zum Fan.

Im Grunde gibt es zwei Kräfte im Königreich Westeros, die den korrumpierten Eliten in der Hauptstadt Königsmund die Macht entreißen wollen: das Haus Stark von Winterfell, das die Einheit der Familie beschwört, deren Loyalität und Regeltreue aber von anderen immer wieder brutal ausgenutzt wird, und das Haus Targaryen von Drachenstein, für das die blonde Schönheit Daenerys mithilfe roher Naturgewalt wie Feuer speienden Drachen in die Schlacht zieht. Täuscht der Eindruck, oder hegen Sie tatsächlich gewisse Sympathien für die Starks?

Die Starks haben mir am besten gefallen. Ich hätte es gut gefunden, wenn am Ende der achten Staffel Sansa Stark den Eisernen Thron bestiegen hätte. Denn sie hatte den mit Abstand härtesten Weg hinter sich. Obwohl sie kein einziges Mal ein Schwert in der Hand hielt, hat sie mit Klugheit und Disziplin alle Herausforderungen bestanden.

Das Haus Lennister von Casterlystein hat einen goldenen Löwen als Wappentier und als Wahlspruch die Worte »Hört mich brüllen!«. Passt das nicht besser zu Ihrem Bayern als das Haus Stark, das im kargen, rückständigen Norden lebt?

Die Starks sind nicht rückständig, sondern im besten Sinne konservativ. Sie sind mit großen Aufgaben beschäftigt, müssen zum Beispiel die Mauer bewachen, um Westeros vor den Untoten und den Weißen Wanderern zu beschützen. Der Norden hat eine eigene Mentalität. Unabhängigkeit ist ihm wichtig. Wir Bayern leben zwar im Süden, aber mit unserer Mentalität sind wir den Nordmännern nicht unähnlich.

Wenn die Starks den Bayern nicht unähnlich sind, sehen Sie dann auch Parallelen zwischen Berlin und Königsmund, zwischen Angela Merkel und Cersei Lennister?

Wie absurd.

In Wahrheit geht es in Game of Thrones *doch allen Herrschern einzig um Rache und Besitzansprüche statt um das Wohl des Volkes.*

Den Starks liegt das Wohl des Volkes am Herzen. Sie sind die Einzigen in Westeros, die ihre Gefolgschaft nicht auf Gewalt oder Gold aufbauen, sondern auf Zustimmung. Egal ob Jon Schnee, Sansa oder Ned Stark – sie werden immer aufgefordert oder gewählt.

Sind die heutigen Politiker genauso konfrontiert mit der permanenten Unberechenbarkeit wie die Helden in Game of Thrones?

Das Leben ist unberechenbar.

Glauben Sie, dass am Ende immer das Gute gewinnt?

Ich bin ein optimistischer Mensch.

Der ständig unterwegs ist. Wann haben Sie überhaupt Zeit, Serien wie Game of Thrones *zu gucken?*

Ein großer Fernseher im Wohnzimmer gehört zu den wenigen Luxusgütern, die ich mir leiste. Ich habe mir *Game of Thrones* ab der zweiten Staffel eine Folge nach der anderen über Streamingdienste angeschaut. Da ist man zeitlich unabhängig. Danach habe ich oft mit Mitarbeitern der Staatskanzlei über die neuesten Entwicklungen gefachsimpelt. Manchmal wurde auch gespoilert.

Ärgert Sie das?

Ich habe nichts dagegen. Manchmal ist es hilfreich, die Höhepunkte einer Folge zu kennen, bevor man sie sieht, weil man sich dann auf die Szenen vorbereiten kann.

Sie schwärmen ansonsten für Weltraumabenteuer wie Star Trek *und* Star Wars. *Wie passt das zu* Game of Thrones, *wo es nicht um die Zukunft, sondern um die Vergangenheit geht?*

Geschichte und Fantasy haben mich schon immer genauso interessiert wie Science-Fiction. Ich bin ein Fan der großen Sagen – von den *Nibelungen* über *Herr der Ringe* bis hin zu *Star Wars* und *Game of Thrones*.

Hat Sie die Brutalität von Game of Thrones *gestört? Am Ende steigert sich die Drachenkönigin in einen regelrechten Blutrausch hinein. An anderer Stelle wird fast die ganze Familie Stark nach einem Hochzeitsfest abgeschlachtet.*

Die Serie ist nichts für allzu sanfte Gemüter.

Haben Sie eine Lieblingsszene?

Es gibt besonders beeindruckende Folgen. Diese enden oft ganz still und überraschend. Obwohl es in *Game of Thrones* viele Schlachten, Kämpfe und Intrigen gibt, sind die ruhigen Momente die stärksten.

Auf dem Denkmal vor der Staatskanzlei steht die In-
schrift »Sie werden auferstehen«. Müssen Sie beim
Vorbeigehen an den Nachtkönig und seine Armeen von
Untoten denken?

Gewiss nicht.

Manche sehen in der bedrohlichen und unerklärlichen
Urgewalt aus dem Land des Ewigen Winters eine Ana-
logie auf den Klimawandel. Sie auch?

Den Transfer finde ich mutig.

Schaut man Game of Thrones *als Politiker trotzdem*
anders?

Nein. Weil die Serie doch ein großes Märchen ist.

Hillary Clinton wurde vor zwei Jahren die Frage gestellt,
welche Serie näher an der Realität ihres Lebens sei, The
West Wing *oder* Veep. *Ihre Antwort lautete –* Game
of Thrones. *Sie habe sich, erklärte sie, im Wahlkampf*
gegen Donald Trump wie Cersei Lennister gefühlt, die
man nackt durch die gegnerischen Reihen geführt hatte,
um sie zu demütigen.

Ich würde niemanden aus der aktuellen Politik mit
Serienhelden in Verbindung bringen. So ein Vergleich
hinkt immer.

Was unterscheidet die Machtkämpfe in Game of Thrones *von denen in der realen Politik?*

Alles. Vor allem die Gewalt. Die Serie hat nichts mit unserer Demokratie, Zivilisation und Kultur zu tun.

Untergräbt die Serie damit nicht das Vertrauen der Menschen in die Problemlösungskunst der Politik? Wer Game of Thrones *schaut, lernt doch vor allem eins: Du kannst niemandem vertrauen. Auf nichts ist mehr Verlass.*

Bei uns geht alle Macht vom Volk aus und eben nicht von dem, der die meisten Schwerter besitzt.

Ist die Serie mit ihrer dargestellten Rivalität verschiedener Regionen nicht insgeheim eine Erzählung über Fluch und Segen des Föderalismus? Alle sind aufeinander angewiesen, aber niemand traut dem anderen über den Weg?

Die Serie ist eine Geschichte über viele Menschen mit düsterem Charakter in einer unwirklichen Zeit.

Hat es Sie nie gereizt, sich zum Fasching als ein Protagonist aus Game of Thrones *zu verkleiden?*

Als wen sehen Sie mich denn?

Als Jaime Lennister.

Sicher nicht. Obwohl er eine gute, interessante Wandlung vollzieht.

Passt doch.

Das sehe ich anders.

Seine Verwandlung vom Bösewicht zum heimlichen Helden der Serie fanden viele Zuschauer nachvollziehbar und spannend. In den ersten Staffeln war Jaime berechnend und charakterlos, dann schien er sein Gewissen zu entdecken, fand eine neue Liebe und avancierte zum Publikumsliebling.

Gut für Jaime, dass er Ihnen gefallen hat.

FEINDE FÜRS LEBEN

Horst Seehofer und Markus Söder sind sich in vielen Dingen sehr ähnlich. Beide kommen aus einfachen Verhältnissen, sind mehr Stark als Lennister, haben sich hochgearbeitet, oft als Einzelkämpfer gegen den Rest der Welt und den Mainstream in der CSU. Koalitionen schließen beide am liebsten mit dem Bürger. Bierzelte brachte keiner besser in Wallung als Seehofer. Bevor Söder mit der gleichen Mischung aus Ironie und heiligem Ernst die Massen an den Maßkrügen jubeln ließ.

Die zwei baumstammlangen Anführer sind bis heute Kindsköpfe geblieben, Seehofer mit einer Modelleisenbahn im Keller, Söder mit den Superheldentassen auf seinem Schreibtisch. Beide waren in ihrer Jugend Sportskanonen, Seehofer in der Handballhalle, Söder auf dem Tennisplatz. Beide spielen mit Menschen wie Katzen mit Mäusen: Sie wollen ihre Beute nicht unbedingt fressen, aber sie auf jeden Fall so lange triezen, bis sie sich nicht mehr bewegt.

Horst Seehofer und Markus Söder könnten Brüder sein, Vater und Sohn vielleicht, der eine des andern

Mentor zumindest. In Wahrheit verbindet die beiden nur eines: gegenseitige Abneigung. Spätestens seit der Weihnachtsfeier mit Mitgliedern des Vereins der Landtagspresse im Dezember 2012 weiß das jeder.

Seehofer diktierte damals den versammelten politischen Reportern und Korrespondenten des Landes in den Block, was er von seinem Finanzminister aus Franken hielt: Er sei »vom Ehrgeiz zerfressen«, leiste sich »zu viele Schmutzeleien« und habe »charakterliche Schwächen«. Die Gemeinsamkeit mit Söder in dieser Sache schien Seehofer nicht weiter zu stören. Wer mit Worten dick wie Kanonenkugeln ohne jeden Anflug feiner Ironie auf den eigenen Minister schießt, beweist jedenfalls keine charakterliche Stärke. Zumal Seehofer der Weltöffentlichkeit bis heute eine Erklärung schuldig ist, worauf er damals anspielte.

Egal wen man in Seehofers Umfeld fragt, was denn eigentlich zwischen diesem und Söder vorgefallen sei, antworten alle, um das zu verstehen, müsse man ins Jahr 2007 zurückblicken. Es war das Ende von Edmund Stoibers Ära als bayerischer Ministerpräsident. Die CSU stand vor einem radikalen Neuanfang, der damalige Bundesagrarminister Horst Seehofer wollte ihn verkörpern.

Dann kam die *Bild* mit den Schlagzeilen: »Minister Seehofer: Baby mit heimlicher Geliebten! Wie erklärt er das seiner Frau?« Der damals 57-Jährige, so erfuhren die Leser, führe seit drei Jahren ein »Doppelleben«: In Ingolstadt lebe er mit seiner Ehefrau Karin und den drei Kindern in einem schlichten Einfamilienhaus. In Berlin teile er sich sein Apartment mit einer jungen Juristin und Bundestagsmitarbeiterin, die zum Zeitpunkt der Enthüllung im vierten Monat schwanger war. Seehofers uneheliche Tochter kam im Juni 2007 zur Welt.

Als die CSU im September desselben Jahres auf dem Parteitag in München einen Nachfolger für Edmund Stoiber wählte, unterlag Seehofer gegen Erwin Huber. Zwar wurde er ein Jahr später Parteivorsitzender und gleich dazu bayerischer Ministerpräsident – weil die CSU bei den Landtagswahlen 2008 historisch schlecht abschnitt und das Personal erneut auswechselte –, aber Seehofer hat nicht vergessen, wer damals die *Bild* über sein turbulentes Liebesleben informiert hatte. Er verdächtigte: Markus Söder.

Der war, so viel steht fest, im Jahr 2007 seit vier Jahren Generalsekretär der CSU und damit einer der wichtigsten Mitarbeiter des in Ungnade gefallenen Edmund Stoiber. Als dessen Stern nach der verlorenen Bundestagswahl gegen Gerhard Schröder auch in Bayern zu sinken begann und er auf der CSU-Klausurtagung in Wildbad Kreuth Anfang 2007 von der Basis entmachtet wurde, fürchtete auch Söder um seine Zukunft.

Um sich den neuen Machthabern in der Partei, Günther Beckstein und Erwin Huber anzudienen, soll Generalsekretär Markus Söder die Existenz und Identität von Horst Seehofers schwangerer Geliebter an die Boulevardmedien verraten haben. Schließlich war Seehofer der größte Rivale des neuen Duos an der Parteispitze. Als Dank für seinen Verrat sei Söder von Beckstein ins

Kabinett berufen und nicht an Stoibers Seite in die Wüste verbannt worden.

Die Geschichte klingt gut. Wer in den Nachrichten verfolgt, was für ungeheuerliche Skandale die politische Elite in Washington Tag für Tag produziert, wird sofort für möglich halten, dass ein aufstrebender Generalsekretär in Bayern der Chefreporterin eines Berliner Boulevardblatts ein paar Tipps zum geheimen Liebesleben des politischen Widersachers gibt. Die Episode könnte glatt auch aus der Fernsehserie *House of Cards* abgeschrieben sein, in der ein skrupelloser Kongressabgeordneter auf dem Weg ins Weiße Haus reihenweise Konkurrenten besticht, verrät und beschatten lässt – und darüber hinaus außerdienstliche Deals mit einer ehrgeizigen jungen Journalistin einfädelt, die er zuerst verführt und am Ende der Staffel vor eine einfahrende U-Bahn schubst.

So plausibel, fast banal und beinahe selbstverständlich die Story von Söders bösem Verrat an Seehofers Familie sein mag – sie ist nichts als: erfunden. Verena Köttker war 2007 Chefreporterin im Politikressort der *Bild*-Zeitung. Sie hat die Geschichte von Seehofers Geliebter recherchiert und aufgeschrieben. Sie sagt: »All das, was Markus Söder damals vorgeworfen wurde, ist kompletter Blödsinn.« Ihre Quelle will Köttker allerdings nicht verraten.

Seehofers schwangere Geliebte Anette Fröhlich hatte es Insidern zufolge satt, mit dem Vater ihres Kindes öffentlich Verstecken zu spielen. Sie wollte Klarheit und hoffte wohl, Seehofer würde sich im Zweifel für eine

Zukunft mit ihr entscheiden. Niemand zwang sie, mit Verena Köttker zu sprechen. Die damalige Reporterin – heute ist sie Geschäftsführerin einer Agentur für umweltpolitische PR in Berlin – brauchte auch keinen Anruf eines bayerischen Generalsekretärs, um von Fröhlichs Existenz zu erfahren. Im politischen Berlin wussten bereits einige Bundestagsmitarbeiter von Seehofers Affäre. Seehofers Zweitfrau arbeitete damals für den CDU-Bundestagsabgeordneten Laurenz Meyer, den sie sogar selbst über ihre Liaison mit dem CSU-Abgeordneten Seehofer informiert hatte, damit er – als ihr Arbeitsgeber – ihre »Loyalität nicht infrage stellen konnte«. Das verriet sie der *Bunten* nach der Geburt von Töchterchen Anna-Felicia und war dabei voller wohlwollender Worte über den Vater. Offenbar hoffte sie immer noch, Seehofer werde seine Ingolstädter Familie verlassen und mit ihr ein neues Leben beginnen.

Horst Seehofer hielt sich sehr lange alle Optionen offen. Statt schnell für klare Verhältnisse zu sorgen – Scheidung von Karin oder Schlussstrich bei Anette –, ging der enttarnte Ehebrecher monatelang tatenlos durchs Leben. Klar, er führte innerparteilich Wahlkampf und hatte als Agrarminister das ein oder andere zu tun. Sein familiäres Chaos aber ordnete er erst kurz vor dem CSU-Parteitag im September in München. Auch das wird ein Grund gewesen sein, warum er damals die Wahl zum Parteivorsitzenden gegen Erwin Huber verlor. Es mag selbst in einer christlich-sozialen Partei, die konservative Werte wie Treue und Tradition hochhält, verzeihlich sein, Sex mit mehr als nur einer Person zu haben. Unverständnis aber löste bei vielen Seehofers monatelange Suche nach einem dauerhaften Nachtlager aus.

Köttker sagt, ihre Geschichte Anfang 2007 auf der Titelseite der *Bild*-Zeitung habe von der Kluft zwischen dem öffentlichen und dem privaten Seehofer gehandelt. Die politische Intrige daraus hätten andere Medienhäuser gesponnen. Jeder Journalist kennt das Problem: Die Konkurrenz hat eine sensationelle Enthüllungsstory veröffentlicht, das ganze Land redet darüber, die Chefredaktion des eigenen Verlags meldet sich und fordert: Wir wollen zu dem Thema auch was im Blatt! Bitte schnell! Man kann dann – unschön – die Geschichte der Konkurrenz in eigenen Worten nacherzählen oder – unschöner – plump abschreiben. Oder man sucht nach einem sogenannten Weiterdreh.

Zum Beispiel konnte man sich als politischer Reporter fragen, ob es CSU-Mitglieder gab, die von Seehofers schwacher Vorstellung als treu liebender Familienvater profitierten. Und so waren plötzlich sehr viele Reporter auf der Suche nach Geschichten über Verrat, Feindschaft und Schmutzeleien innerhalb der CSU, zumal zu dieser Zeit der Kampf um Edmund Stoibers Erbe voll entbrannt war und es in den Hinterzimmern der Partei einiges zu besprechen gab.

Als die *Bunte* im Mai 2007 eine Geschichte über Markus Söders Exfreundin Ulrike B. auf den Titel hob, in der die Frau klagte, Söder würde sich nicht genug um die gemeinsame Tochter kümmern, war der Intrigantenstadl innerhalb der CSU offiziell eröffnet. Seehofer gab kurz darauf dem *Stern* ein Interview, in dem er Parteikollegen offen drohte: »Ich bin gut informiert. Ich weiß viel. Ich habe viel Material.« Seine Drohung wirkte, als hätte er Rechnungen offen. Er schlüpfte damit geschickt in die Opferrolle. Männer können sehr heroisch aussehen, wenn sie sich als Zielscheibe übler Angriffe unter die Gürtellinie präsentieren und wütend drohen, zum Gegenschlag auszuholen. Viel besser jedenfalls als in dem Moment, da sie der Ehefrau beichten müssen, ein Kind mit einer über zwanzig Jahre Jüngeren gezeugt zu haben. Horst Seehofer wird es jedenfalls eher genutzt als geschadet haben, dass er plötzlich im Zentrum einer politischen Intrige stand – statt zwischen zwei Frauen.

Der damalige *Spiegel*-Korrespondent im Münchner Büro Sebastian Fischer schrieb im Juni 2007, in der CSU würde man über Seehofer und Söder munkeln: »Die haben sich gegenseitig veröffentlicht.« Bis heute hält sich dieses Gerücht hartnäckig.

Söder aber, so viel ist spätestens mit Verena Köttkers Aussage klar, spielte bei Seehofers Babyenthüllungen keine Rolle. Auf die Frage, ob Seehofer bei der Geschichte über Söders angeblich fehlende Vaterqualitäten nachgeholfen habe, sagt Patricia Riekel, die damals *Bunte*-Chefin und -Herausgeberin war: »Die Vorstellung ist Blödsinn.« Wenn sie eines gelernt habe bei Storys dieser Art, dann, »dass Geliebte über die Liebe nur reden, wenn sie von sich aus reden wollen«. Auch mit Geld erreiche man, obwohl Männer dies immer wieder annehmen, in so einer Sache gar nichts. »Frauen, die dem Reiz der Macht, die von Politikern ausgeht, erlegen sind, haben nicht selten ein großes Mitteilungsbedürfnis, wenn ihnen die Aufmerksamkeit des mächtigen Geliebten abhandenkommt.«

»Markus Söder – Der CSU-Politiker und seine zwei Familien« titelte die *Bunte* im Mai 2007. Die alleinerziehende Mutter von Söders erster Tochter, die 1998, rund zwei Jahre vor Söders erster ehelicher Tochter, zur Welt gekommen war, gab zu Protokoll: »Das ganze Gerede der CSU über ihre Familien- und Kinderpolitik ist unerträglich.« Alleinerziehende Mütter, »die für ihre Existenz arbeiten müssen, existieren für die CSU gar nicht«.

Riekel erinnert sich, dass Markus Söder nach der Veröffentlichung dieser Geschichte sofort begann, seiner unehelichen Tochter – er selbst bevorzugt das Adjektiv »vorehelich« – sichtbar mehr Aufmerksamkeit zukommen zu lassen. Angriffsflächen räumt Söder unmittelbar ab, und zwar so schnell er kann.

Es wird auch kein Zufall sein, dass die Partei unter Söder als Ministerpräsident und Parteivorsitzender ihr Profil in Sachen Alleinerziehende sehr geschärft hat. Die CSU habe den Kinderbonus für Familien ergänzt durch eine »Verdoppelung des Entlastungsbetrags in der Einkommenssteuer für Alleinerziehende«, trug Söder in der Pressekonferenz zum Corona-Konjunkturpaket im Juni 2020 vor. Gerade die Alleinerziehenden hätten neben der »Kernfamilie« in der Corona-Zeit »die größten Lasten« zu tragen, wusste er. Ihnen sei es besonders schwergefallen, »Kita, Schule, alles miteinander in Einklang zu bringen«.

Und dennoch: Seehofers Wortneuschöpfung »Schmutzeleien« prangt auf Markus Söders Stirn wie ein unsichtbares Brandzeichen. Bei fast allem, was er tut, werden ihm unlautere Motive unterstellt. Leicht lässt sich übersehen, dass Söder ein ziemlich skandalfreier Politiker ist. Jedenfalls haben Heerscharen an Journalisten in den vergangenen Jahrzehnten regelmäßig versucht, ihm Skandale nachzuweisen. Erfolglos.

Seine juristische Doktorarbeit über die »Entwicklung der Kommunalgesetzgebung im rechtsrheinischen Bayern zwischen 1802 und 1818« ist fehlerfrei. Der Tisch, den Söder bei einem Wutausbruch in seinem Büro zerstört haben soll, ist an einem »thermischen Glasbruch« zugrunde gegangen. Das haben die Kollegen Roman Deininger und Uwe Ritzer für ihre Söder-Biographie mühevoll recherchiert.

Wie kommt es dann, dass Markus Söder trotzdem bis heute so viele Verdächtigungen auf sich zieht? Patricia Riekel meint: »Wir leben in einer komplizierten Welt. Heutzutage verstehen 80 Prozent der Bevölkerung gar nicht mehr, wie Politik funktioniert. Man muss nicht nur in Bildern sprechen, sondern selber zum Bild werden.« Bei Söder sieht sie noch Potenzial. Sein Aussehen löse kein Vertrauen aus. Die kleinen Augen, die kantige Nase, der große Kopf, seine Physiognomie zeugen zwar von Durchsetzungskraft, aber auch von Brutalität. Riekel bemüht sich um eine diplomatische Wortwahl: »In seinem Gesicht sucht man vergebens nach Spuren der Liebenswürdigkeit.« Die Fähigkeit zu Schmutzeleien kann man wohl schlicht leichter hineinlesen.

Sein Aussehen kann kein Mensch ändern. Wie man sich präsentiert, das schon. Söder, hat Riekel beobachtet, sitze oft breitbeinig und zurückgelehnt im Stuhl, auf Gesprächspartner wirke er damit distanziert und überheblich. »Aufgrund seines brillanten Verstands fühlt er sich anderen Menschen überlegen und ist es auch. Aber das darf man nicht zeigen«, sagt Riekel.

Eine CSU-Abgeordnete, die häufig mit Markus Söder zusammenarbeitet, sagte einmal, sie habe »noch nie ein nettes Wort« aus Söders Mund erhalten. Nicht einmal zur Begrüßung. Dabei verwandele er sich vor Publikum »in eine Rampensau«, die aus dem Stegreif eine schmissige Rede halten, sogar witzig sein könne. Jeder, der mit dem Franken schon einmal länger als fünf Minuten gemeinsam in einem Raum saß, ohne dass Kameras oder Aufnahmegeräte dabei waren, weiß allerdings auch, dass er seine Schlagfertigkeit und Entertainerqualitäten dazu nutzt, gegen andere zu sticheln. Und dass er schwindelt, wenn er genötigt wird, es zuzugeben. Der *Bild*-Zeitung antwortete er jedenfalls auf die Frage, über was er sich mit SPD-Chefin Saskia Esken denn so rege per Handybotschaften in den Berliner Koalitionsrunden austausche, es gehe in diesen SMS »zum Teil heiterer zu, als man vermuten könnte«. Politiker aber »lästern selten übereinander«.

Um eine seiner sehr seltenen Heiterkeiten zu finden, muss man seltsamerweise nicht lange suchen. Söder soll zum Beispiel gesagt haben, die Stimme der SPD-Familienministerin Franziska Giffey mache es Männern unmöglich, ihr zuzuhören. Riekel, die Söder seit über zwei Jahrzehnten kennt, glaubt trotzdem: »Er ist kein Intrigant, sondern ein Strippenzieher.«

Söder arbeitet nicht unbedingt mit den Mitteln der üblen Nachrede, sondern eher mit strategischem Lob, Aufmerksamkeitsentzug bei schlechter Leistung, Druck und Einschüchterung.

Dass er Menschen für seine Zwecke instrumentalisiert, ist der handfesteste Vorwurf, den man Markus Söder machen kann. Zur Verdeutlichung sei diese Geschichte erzählt: An einem Mittwochmorgen mitten im Wahlkampf 2018 will Markus Söder gemeinsam mit der Schauspielerin Uschi Glas und deren Verein Brotzeit e. V. ein Frühstück an die Schüler einer Grundschule des Münchner Brennpunktviertels Westkreuz ausgeben. Es ist sieben Uhr. Der Ministerpräsident bindet sich eine rote Schürze um und verkündet in Richtung des Fernsehteams, dass er die Mittel des Vereins auf eine halbe Million Euro verdoppelt habe.

Dann dreht er sich zur Pressesprecherin. »Wo sind denn die Kinder?«, fragt er und bestraft seine Mitarbeiterin mit einem wütenden Blick, als er erfährt, dass die Schule erst um 7.30 Uhr beginnt. Hungrige Kinder sind für Markus Söder ein gutes Fotomotiv, ansonsten reine Zeitverschwendung.

Jetzt muss er eine halbe Stunde zusammengekauert auf Zwergenstühlen zwischen dem Ehepaar Glas hocken und warten. Uschi Glas und ihr Mann hätten gern noch mehr Geld, um noch mehr Schulen mit Brotzeit vor Unterrichtsbeginn versorgen zu können. Als Markus Söder endlich inmitten wuselnder Grundschüler am Frühstücksbüfett steht, wiederholt er permanent dieselben drei Sätze. Wie heißt du? Woher kommst du? Noch jemand Orangensaft? Dass Söder selbst vier Kinder hat, mit denen er bestimmt schon ein paar mehr Worte gewechselt hat im Leben, würde in dem Moment keiner annehmen. Ausgelassene Stimmung will keine aufkommen.

DER MARATHONMANN

A m 16. März 2018 wählt der Bayerische Landtag Markus Söder zum Ministerpräsidenten. Wer geglaubt hatte, der neue Regierungschef würde in diesem Moment vor Freude aus der Haut fahren, kennt Söder schlecht. Heiterkeit oder Übermut strahlt er selbst am Ziel seiner Träume nur sehr bedingt aus.

Als Markus Söder erfährt, dass die CSU-Fraktion geschlossen für ihn gestimmt hat, wird sein Gesicht zur Fratze. Er presst die Lippen aufeinander, knallt mit den flachen Händen auf den Tisch vor sich. Ein gequältes Lächeln kommt erst wenig später. Als sich seine Fraktionskollegen ihm zu Ehren erheben und klatschen, wendet sich Söder als Erstes Horst Seehofer zu und gibt ihm die Hand. Dieser schließt nach dem Händedruck umständlich die Knöpfe seines Sakkos, statt in den Applaus mit einzusteigen.

Es folgt Söders Antrittsrede. Natürlich vergisst er nicht, die »lieben Bürgerinnen und Bürger an den Bildschirmen« zu begrüßen. Söder klingt nachdenklicher als sonst. Er gibt sich demütig: »Wir alle sind für die Bürger da und nicht die Bürger für uns«, sagt er. Und: »Die Sorgen der Menschen müssen immer an allererster Stelle bei jedem politischen Streit auch hier im Parlament stehen.« In Horst Seehofers Ohren muss das wie ein Kalenderspruch klingen, den sein Thronfolger auswendig gelernt hat. Neben persönlichen Vorbehalten, die er gegen den Neuen am Rednerpult hegte, wollte er dem Rivalen Söder auch deshalb nicht das Land überlassen, weil er ihm nicht zutraute, das zu sein, was der nun behauptet, werden zu wollen: ein Diener des Volkes.

Die einfachen Leute, mit denen sah sich Seehofer stets im Bund. Was den Interessen der bodenständigen Bayern zuwider lief, lehnte er ab. 2004 war Seehofer als Angela Merkels Stellvertreter der Unionsfraktion im Bundestag aus Protest gegen die geplante Kopfpauschale in der gesetzlichen Krankenversicherung von seinen Ämtern zurückgetreten. Dass die Sekretärin künftig genauso viel zahlen sollte wie ihre Chefin, fand er unfair. Seehofers Prinzipientreue hat sich mit den Jahren in eine Art Altersstarrsinn verwandelt. Menschen aber, die ihm wohlgesonnen sind, sagen, er sei seinen politischen Idealen stets treu geblieben. Anders als Söder. Der habe, aus Sicht seiner innerparteilichen Gegner, nie politische Ideale gehabt.

Die Zahl seiner Widersacher war jedenfalls stets größer als die seiner unverrückbaren Prinzipien. Ein Jahr vor Markus Söders Wahl zum Ministerpräsidenten 2018 sah es deshalb gar nicht gut aus für ihn. Zu seinem 50. Geburtstag Anfang Januar 2017 machte ihm Horst Seehofer ein vergiftetes Geschenk: Er hielt eine freie Rede auf Söders Feier mit CSU-Abgeordneten am Rande der Fraktionsklausur im fränkischen Kloster Banz. Seehofer sprach zunächst von »gegenseitigen Prüfungen, die wir uns auferlegen«, was ein paar noch launig fanden. Dann aber sagte er in Richtung von Karin Baumüller-Söder: »Ich bilde mir ein, dass ich den Markus besonders gut kenne.« Er wisse deshalb auch, dass sie »Riesiges aushalten« müsse. Als er hinterherschob, seine Glückwünsche kämen »von Herzen«, wirkte es wie ein besonders fieser Dolchstoß.

Horst Seehofer zieht 2017 alle Register, um Söder als seinen Nachfolger zu verhindern. Ursprünglich hat er angekündigt, 2018 nicht mehr als Ministerpräsident anzutreten – das nimmt er im April zurück. Er werde weitermachen. Nur das Amt des CSU-Parteivorsitzenden stelle er zur Verfügung, und zwar an jemanden, der von Berlin aus arbeite.

Der bayerische Innenminister Joachim Herrmann hat in den letzten Jahren wohl noch seltener Berliner Boden betreten als Söder, ist aber bereit, sich als Spitzenkandidat für die Bundestagswahl 2017 aufstellen zu lassen. Nach seinem angestrebten Wechsel vom Landtag in den Bundestag wäre Joachim Herrmann Parteivorsitzender geworden, und Seehofer hätte sich im Jahr darauf für weitere fünf Jahre ins Ministerpräsidentenamt wählen lassen. Söder hätte eine Warteschleife von einem halben Jahrzehnt drehen müssen. Die pure Folter für einen wie ihn.

Söder munterte sich indessen mit einem Spruch seines Vaters auf. Der habe immer gesagt, mit dem 50. Geburtstag beginne die Zeit der Ernte. Er sollte zwar recht behalten, zunächst aber sah es politisch nach saurem Regen und Dürre aus. Beim Maibockanstich im Münchner *Hofbräuhaus*, zu dem Markus Söder traditionell eine launige Rede hält, war ihm im Frühling 2017 nicht nach Scherzen zumute.

Söder beginnt mit den Worten: »Liebe Bayern-Fans und andere Frustrierte«. Der FC Bayern München wurde kurz zuvor aus der Champions League gekickt. Ungewöhnlich für den Meister der Fußballvergleiche in Reden endet er mit der Abwandlung eines Goethe-Zitats, wonach nur der Geduldige belohnt werde. Als ob er sich selbst Mut machen will, sagt Söder: »Politik ist ein Marathonlauf, bei dem das Ziel hin und wieder nach hinten verschoben wird.«

Was weder er noch Seehofer kommen sahen: das schlechte Abschneiden der CSU bei der Bundestagswahl ein paar Monate später. Die Christsozialen büßten mehr als zehn Prozentpunkte ein und erreichten mit nur rund 38 Prozent ein historisch schlechtes Ergebnis. Spitzenkandidat Joachim Herrmann schaffte noch nicht mal den Einzug in den Bundestag, folglich wurde er auch nicht neuer CSU-Parteivorsitzender.

Mit der Forderung nach einer »Ausländermaut« auf deutschen Autobahnen und einer Obergrenze für die Aufnahme von Flüchtlingen hatten sie in der CSU alle mit einem Sturm der Liebe konservativer Wählerherzen gerechnet. Es war die Zeit, in der die AfD mit zunehmend ausländerfeindlichen Parolen Erfolge feierte. Der Terroranschlag eines radikalen Islamisten auf den Berliner Weihnachtsmarkt am 19. Dezember 2016 hatte Deutschland schwer getroffen. Die breite Mehrheit in der CSU war sich sicher, mit ordentlich Distanz zu Angela Merkels liberaler Asylpolitik Nähe zum bayerischen Wahlvolk herstellen zu können. Markus Söder glaubte das sogar noch ein Jahr später, als er im Landtagswahlkampf zunächst denselben Fehler machte und die AfD rechts zu überholen versuchte.

Horst Seehofer schob die Schuld an dem Wahldebakel unverhohlen auf Angela Merkel. Die Union habe »die rechte Flanke offengelassen«, sagte er noch in der Wahlnacht. Als einzelnes Bundesland könne man sich wohl leider nicht »vom Gesamttrend abkoppeln«. Auch die CDU hatte Rekordverluste erlitten. Seehofer glaubte, die Vernachlässigung des Themas innere Sicherheit habe ein »Vakuum« entstehen lassen, das man jetzt füllen müsse, unter anderem durch eine Politik, die sicherstelle, »dass Deutschland Deutschland bleibt«.

In der CSU begannen nun unruhige Tage, aus denen Wochen wurden und am Ende drei tollhaushafte Monate, bis klar war: Horst Seehofer würde als Ministerpräsident zurücktreten und gezwungenermaßen den Watschnbaum machen. Eine »Watschn« bedeutet im bayerischen Volksmund »Ohrfeige«. Die Suche der Parteibasis nach einem Sündenbock für die vergeigte Bundestagwahl endete nicht bei Angela Merkel, sondern bei ihm.

Söders Herausforderung in den drei Monaten zwischen Verkündung des Wahlergebnisses und Seehofers erzwungenem Rücktritt bestand darin, möglichst die Füße still zu halten. Der Machtwechsel im Freistaat sollte wie eine Konsenslösung wirken, natürlich nicht wie ein von ihm orchestrierter Staatsstreich. Er musste jetzt warten, dass die Saat, von der sein Vater gesprochen hatte, tatsächlich aufgeht. Dass ihn sein eng und mühevoll geknüpftes Netzwerk innerhalb der Partei tragen würde.

Der damalige Münchner Kultusstaatssekretär Georg Eisenreich gehörte zu den Ersten, die sich nur eine Woche nach der Bundestagswahl laut zu sagen trauten, man habe unter Seehofer schon zwei Wahlen verloren und brauche deswegen einen personellen Neustart. Im November stimmte der Chor der Jungen Union unüberhörbar mit ein. Söder war selbst lange Chef der CSU-Jugendorganisation. Auf deren Landesversammlung in Erlangen sollte Horst Seehofer eine Rede halten, sagte dann aber ab, weil ihm 17 Stunden Verhandlungsmarathon bei den Koalitionsgesprächen in Berlin in den Knochen steckten.

Das war eine verständliche, aber nicht besonders kluge Entscheidung. Jetzt hatte Söder freie Bahn. Als er nach seiner Rede die Veranstaltungshalle verlassen wollte, hielten im Foyer besonders treue Fans Schilder in die Luft. »Söder – Unsere neue Nummer 1« oder »Die Zeit ist reif!« stand darauf geschrieben. Offene Kriegserklärungen an Horst Seehofer. Markus Söder zögerte kurz, dann stellte er sich neben die Jubelperser. Das Bild erschien am nächsten Tag auf jedem Zeitungscover in Bayern. Seehofers Uhr tickte hörbar.

Alexander Dobrindt, Ilse Aigner, Joachim Herrmann und Manfred Weber versuchten kurz darauf bei einem Geheimtreffen in der Staatskanzlei, noch einen Plan zu schmieden, um Markus Söder auf den letzten Metern gemeinsam zu verhindern. Statt eine menschliche Mauer zu formen, führten die fünf allerdings eine zirkusreife Verrenkungsnummer auf. Jeder griff selbst nach der Spitzenposition, am Ende bekam sie keiner zu fassen.

Der liberale CSU-Europapolitiker Manfred Weber empfahl nachdrücklich, dass er den Parteivorsitz übernehmen und Joachim Herrmann der Partei als neuen Ministerpräsidenten Bayerns vorgeschlagen würde. Allerdings wurde er sich nicht einig mit dem CSU-Landesgruppenchef Alexander Dobrindt, der selbst gerne Parteivorsitzender geworden wäre. Aigner unterstützte Weber ebenfalls nicht, weil sie auf die Rolle der Ministerpräsidentin schielte, in die sie besser hineinwachsen würde als jeder andere, mit Seehofer als Garant für Kontinuität an der Parteispitze. Der zögerliche Joachim Herrmann traute sich wieder mal nicht. Denn hätte er seine Kandidatur für das Amt des Ministerpräsidenten erklärt, hätte er in der Tat damit rechnen müssen, dass Söder parteiintern gegen ihn kandidieren würde. Der Franke aus Erlangen rechnete sich keine Chancen gegen den Franken aus Nürnberg aus.

Am Sonntag, den 3. Dezember 2017, erhielt Söder den lang ersehnten Anruf aus der Staatskanzlei. Seehofer teilte ihm mit, er selbst würde Parteichef bleiben, stelle aber sein Amt als Ministerpräsident im ersten Quartal des Jahres 2018 zur Verfügung. Zwei Wochen später, auf dem Parteitag der CSU in Nürnberg, schlug er Söder als seinen Nachfolger vor. Seehofer wuchs überraschenderweise keine lange Nase, als er sagte: »Ich habe diese Entscheidung aus voller Überzeugung getroffen. Seit zehn Jahren arbeite ich mit Markus Söder im bayerischen Kabinett zusammen. Wir haben gemeinsam viele Probleme angepackt und gelöst. In dieser Zeit hat er eine bravouröse und fehlerfreie Arbeit abgeliefert. Daher weiß ich: Markus Söder kann es – und er packt es. Er kann sich auf meine Unterstützung total verlassen.«

Die Delegierten kürten Söder fast einstimmig zu ihrem Spitzenkandidaten. Nur vier Parteimitglieder hoben ihre Hand nicht für Söder. Eine von ihnen war Christa Stewens. Die heute 75-Jährige ist eine der vielen blitzgescheiten CSU-Frauen, die immer schon überall dabei waren, es aber nie bis ganz an die Spitze geschafft haben. Unter Edmund Stoiber war Stewens Sozialministerin, Günther Beckstein ernannte sie zur stellvertretenden Ministerpräsidentin, 2013 war sie außerdem als erste und einzige Frau Fraktionschefin der CSU im Bayerischen Landtag. Allerdings nur ein paar Monate, denn am Ende der Legislaturperiode beendete auch sie ihre zwei Jahrzehnte lange Karriere als Landtagsabgeordnete.

Stewens hat sechs Kinder und 24 Enkelkinder, ist immer noch politisch aktiv, aktuell als Kreisrätin in Ebersberg, beim Bayerischen Roten Kreuz und in der Kinderhospizhilfe. Über die Gründe ihrer mangelnden Unterstützung für Markus Söder hat sie bisher nie öffentlich gesprochen. Es ist schwer, Stewens überhaupt telefonisch zu erreichen, weil sie wie eine aktive Abgeordnete immer noch von Termin zu Termin eilt. Das Gespräch führt sie schließlich über die Freisprechanlage ihres Autos.

Frau Stewens, wäre es 2018 nicht langsam Zeit gewesen für eine Ministerpräsidentin an der Spitze des Freistaats?

Meiner Einschätzung nach hätten wir mit Ilse Aigner eine Frau gehabt, der ich das Amt auf jeden Fall zugetraut hätte. Aber als sie im November 2017 eine Urwahl des Spitzenkandidaten für die Landtagswahl vorschlug und sich selbst als Bewerberin ins Spiel brachte, erntete sie einen regelrechten Shitstorm aus der Partei.

Der oberbayerische Landtagsabgeordnete Florian Herrmann, heute Chef der Staatskanzlei im Kabinett Söder, warf Aigner, die immerhin oberbayerische CSU-Bezirksvorsitzende ist, parteischädigendes Verhalten vor, »weil nicht irgendwelche Möchtegerns Ministerpräsident werden können, sondern nur jemand, der das Zeug dazu hat«.

Er hat sich später für sein Verhalten entschuldigt. Aber das, was er laut aussprach, dachten damals viele. Wer sich Söder und seinem Fanklub in den Weg stellte, wurde hart kritisiert.

Haben Sie Markus Söder wegen solcher Vorfälle im Vorfeld seiner Wahl zum Spitzenkandidaten der CSU die Stimme verweigert? Warum haben Sie bis heute nie über ihre Gründe gesprochen?

Auf beide Fragen kann ich Ihnen die gleiche Antwort geben: Ich finde, die Wahl für so eine wichtige Position innerhalb der Partei sollte geheim erfolgen. Das wollte ich mit meinem Veto zum Ausdruck bringen. Ich war eine von vier Personen im Raum, die ihre Hand nicht gehoben haben. Ein paar haben auch kurz vor der Abstimmung zufällig den Saal verlassen.

Sie haben Ihre Politik immer stark an den Grundsätzen der katholischen Soziallehre ausgerichtet. Ich könnte mir vorstellen, dass es auch inhaltliche Punkte gab, die Sie an Söders Wahl zum Spitzenkandidaten auszusetzen hatten.

Sagen wir so: Die Flüchtlingspolitik der CSU, die damals sowohl von Horst Seehofer als auch von Markus Söder propagiert wurde, hielt ich nicht für richtig. Ich war immer auf Angela Merkels Linie. Wir haben in Bayern wahnsinnig viel für Flüchtlinge getan, gemeinsam haben wir viel geschafft. Unsere Partei hat dieses Engagement und diese Erfolge in der Öffentlichkeit aber leider sehr schlecht präsentiert.

Warum lief nach dem schlechten Abschneiden der CSU bei der Bundestagswahl alles so rasant auf Markus Söder zu?

Weil der Söder ein gewiefter Taktiker ist. Er hatte viele Brückenköpfe in der Fraktion. In allen Bezirksverbänden hatte er Abgeordnete als seine Vertrauten herangezogen. Er hat ihnen viel Aufmerksamkeit geschenkt, sich zu ihnen gesetzt während Fraktionssitzungen. Das hat er sehr geschickt gemacht, ich meine das gar nicht vorwurfsvoll. So schafft man sich Verbündete. Man müsste mal Horst Seehofer fragen, warum er Söder zum Finanzminister und später auch noch in Doppelfunktion zum Heimatminister gemacht hat. Damit wurde Söder zum zweistärksten Mann der Partei.

Wie erklären Sie sich die Feindschaft dieser zwei Alphamänner?

Sie sind beide sehr ehrgeizig. Und beide fanden, dass Ministerpräsident im Freistaat der schönste Job der Welt ist. Seehofer wollte es bleiben, Söder wollte es werden. Das war immer schon sichtbar, obwohl er es nie ausgesprochen hat. Ich bin mit Markus Söder 1994 in den Landtag eingezogen. Er erzählte damals allen, Franz Josef Strauß sei sein großes Vorbild.

Schon kurz nach seiner Ernennung zum Ministerpräsidenten schlug Söder einen soften Kurs ein, verordnete sich »Profil mit Stil«. Hat Sie der Richtungswechsel überrascht?

Nein, der Markus Söder ist ein sehr intelligenter Mensch. Als er am Ruder war, hat er schnell gemerkt, dass der Antikurs gegen Angela Merkel nicht funktioniert. Dass er auf Dauer viele christliche Wähler vergrämt. »Raufen tun wir uns hinter verschlossenen Türen«, hat der Franz Josef Strauß gesagt. Söder gibt sich neuerdings sehr konziliant. Er nimmt Kritik an, sucht nach Lösungen, ist lernfähig. Früher war er nie der Typ des Landesvaters.

Wie beurteilen Sie sein Corona-Krisenmanagement?

Sehr positiv. Allerdings höre ich von Abgeordneten aus der Fraktion, dass er das Ressortprinzip nicht immer achtet. Offenbar läuft derzeit alles in der Staatskanzlei zusammen. Das überrascht mich nicht, aber demokratischer wäre es anders. Es gibt auch in der Staatsverwaltung, im Parlament und in der Regierung sehr kluge Köpfe. Die beste Lösung gibt es nicht allein.

Was ist für Sie typisch Söder?

Sein Ehrgeiz. Und dass er immer ganz schnell Lösungen parat hat. Seine Ankündigung »Wir testen für Deutschland« war so ein typischer Schnellschuss. Klar wäre es gut, dass man grundsätzlich alle Urlaubsrückkehrer testet. Aber dann muss es auch funktionieren. Sein hohes

Tempo hat natürlich auch Vorteile. Zum Beispiel ist er nicht nachtragend, weil er in Gedanken immer schon beim nächsten Projekt ist. Er hat es mir zum Beispiel nie übelgenommen, dass ich nicht für ihn gestimmt habe.

Finden Sie, er ist ein Populist, weil er schneller als andere seinen Kurs wechselt?

Dem Volk aufs Maul schauen, aber nicht nach dem Mund reden. Jetzt zitiere ich wieder Franz Josef Strauß. Als großer Staatsmann muss man allerdings auch bereit sein, Antworten zu geben, die gewissen Gruppen gegen den Strich gehen. Diese Politik wird heutzutage immer schwieriger, weil sich dann sofort Protest auf der Straße erhebt oder sich online ein Shitstorm zusammenbraut. In dieser Hinsicht ist Söder ein Kind seiner Zeit.

Glauben Sie, die Landtagsabgeordneten wären froh, wenn Söder nach Berlin wechseln würde?

Die wären froh, wenn sie ihn behalten könnten. Weil er Ihnen Wählerstimmen sichert. Würden die Umfragewerte bei über 40 Prozent für die CSU bleiben, wären sogar wieder Listenmandate möglich. Söder ist momentan der Garant für Wahlerfolge, ob im Bund oder im Land. Alle Abgeordneten streben nach Sicherheit.

DIE ZUGABE

Geschenke, die man Markus Söder nach Bierzeltauftritten überreicht, gibt er an den Hofstaat weiter. Alkohol an die Lederhosenträger von der Jungen Union, Pralinen an die Pressedame und Wurstspezialitäten an den Fahrer, der Söder im Landtagswahlkampf 2018 zu fünf Veranstaltungen am Tag beförderte.

Den weißen Bademantel aber, den hat Bayerns Ministerpräsident noch auf der Bühne angezogen und bis heute behalten. Er bekam ihn am 13. September 2018 nach seiner Rede im Festzelt von Moosburg überreicht. Markus Söder sei ja Udo-Jürgens-Fan, sagte sein Parteikollege Florian Herrmann. Wie auf Kommando reckte die Kapelle ihre Trompeten in die Höhe. Man hätte an dieser Stelle natürlich »Immer wieder geht die Sonne auf« erwartet. Es erklangen dann aber doch die Noten der Bayernhymne. Markus Söder, im weißen Bademantel, faltete die Hände und sang ergriffen mit. Gott mit dir, du Land der Bayern, dessen Oberhaupt er seit März desselben Jahres war.

Horst Seehofer hatte Markus Söder das Amt des bayerischen Ministerpräsidenten ein halbes Jahr vor dem offiziellen Ende der Legislaturperiode übergeben. Die absolute Mehrheit der CSU im Landtag stimmte für den Wechsel. Damit konnte der neue Spitzenkandidat der CSU im Wahlkampf als Landesvater auftreten, obwohl das Votum der Bürger erst noch folgen sollte.

Wenn Markus Söder eine Zauberkraft besitzt, dann die, ein voll besetztes bayerisches Bierzelt in eine Steinzeithöhle zu verwandeln. In deren Mitte ein warmes Lagerfeuer lodert, an dem die Ureinwohner eng zusammenrücken. Söder ist ein fulminanter Festzeltredner. Er spricht frei, lebendig und angriffslustig. Seine Worte sind wie Pinselstriche, mit denen er klare Bilder in die Köpfe der Zuhörer malt. Um in Fahrt zu kommen, braucht er dafür nicht mal einen Tropfen Frischgezapftes. Neben Söders Pult im Festzelt steht meist ein Maßkrug aus Stein statt aus Glas. So erkennt das Publikum nicht, dass sich Cola light statt Bier darin befindet.

In Moosburg ist Söder schon nach fünf Minuten mit Vollgas unterwegs. »Ich sage Ihnen eines ...«, »Aber eines sage ich Ihnen schon ...«, »Aber ich sage Ihnen eines ...«, »Deshalb sage ich Ihnen ganz klar ...«: So beginnt fast jeder seiner Sätze. Der Ständer des Mikrophons vor ihm wackelt permanent, weil Söder mit seinen Händen gestikuliert, als wäre seine Stimme stumm geschaltet. Entweder die linke Hand oder die rechte haut alle paar Minuten fallbeilartig aufs Rednerpult.

Jedes Wort unterstreicht Söder mit der passenden Handbewegung. Zeigefinger nach oben: »Müssen wir wirklich über jedes Windrad philosophieren und um jeden Funkmast streiten?« Beide Hände vor dem Herz: »Ich werde dafür arbeiten, dass unser Land weiterhin Nummer eins in Deutschland bleibt.« Zeigefinger fuchtelnd in der Luft: »Wir helfen Asylbewerbern gerne, aber wir dürfen unsere eigene Bevölkerung darüber nie vergessen.«

Markus Söder hat ein feines Gespür dafür, welche Themen den Fernfahrer, die Sekretärin, den Versicherungsvertreter oder die Frauen in den Landhausküchen umtreiben. Ein Grillfest zu organisieren erfordere heutzutage einen juristischen Doktor, ruft Söder ins Bierzelt. Der Landwirt müsse jeden Schritt dokumentieren, wenn er sein Vieh auf die Weide führe. Aber wo sich Asylbewerber aufhielten in diesem Land, das wisse keiner. »Ja, Mann, ist der geil!«, schreit einer der Zuhörer. Er muss sogar applaudierend auf die Bierbank klettern, um seiner Begeisterung Ausdruck zu verleihen.

An dieser Stelle streut Söder in seine Rede ein »Vergelt's Gott!« für alle Flüchtlingshelfer ein. So nennt man in Bayern das Dankeschön. Anschließend zitiert er das pastorale Bonmot des ehemaligen Bundespräsidenten Joachim Gauck: Das Herz sei weit, aber die Möglichkeit zur unbegrenzten Aufnahme von Fremden nun mal nicht. Dann nimmt seine Rede wieder Schwung auf: »Eine gesteuerte Zuwanderung ist vertretbar. Alles andere nicht.«

Seine Vorstellung von Bayern? »Nach den Sternen greifen, aber auf dem Boden der Tatsachen bleiben.« Willy Brandt habe einmal über die Bayern gesagt: »Bei euch gehen die Uhren anders.« »Ja!«, ruft Söder aufgeregt ins Festzelt, »bei uns gehen sie richtig.« Er biete 100 Prozent Einsatz für unser Land. »Berlin hat mich nie interessiert. Ich liebe Bayern.« Er habe keinen Herausforderer, »aber eine Herausforderung, die habe ich: Ich will für Bayern alles tun, was ich kann. Bayern soll stark bleiben, Bayern soll stabil bleiben. Ich möchte, dass Bayern von allen bewundert wird. Mein Wunsch, meine Botschaft: Die ganze Leidenschaft für unser Land. Ich bin der Markus, hier bin ich zu Hause.«

Die Umfragen der CSU im Wahlkampfjahr 2018 waren dennoch verheerend. Die 47 Prozent der Bayern, die Horst Seehofer fünf Jahre zuvor zum Ministerpräsidenten gewählt hatten, schienen unerreichbar. Nach aktuellen Umfragen zwei Wochen vor der Wahl lag die CSU bei 33 Prozent. Söders persönliche Beliebtheitswerte waren noch niederschmetternder. Nur 44 Prozent der Bayern hielten ihn laut einer Umfrage des Bayerischen Rundfunks im Juli 2018 für einen guten Ministerpräsidenten. Einen Monat später meldete die Gesellschaft für Sozialforschung und statistische Analysen Forsa, Söder rangiere in der Liste der beim eigenen Volk beliebtesten Landesfürsten auf dem letzten Platz.

»Es war nie schwerer, bayerischer Ministerpräsident zu sein, als in diesen Zeiten«, tat sich Söder damals selber leid. Aus Berlin kam Gegenwind statt Unterstützung: Flüchtlingskrise, Koalitionskrise, Regierungskrise, Krise der Volksparteien, die AfD im Glück. Alles schlimm, alles richtig. Aber das Hauptproblem der CSU in Bayern war: Söder selbst. Das Wahlvolk fremdelte mit seinem neuen Anführer.

Um das zu ändern, absolvierte Söder so viele Bierzeltauftritte wie möglich. Er hat das damals sogar ausgerechnet: Über 250 000 Bayern, sagte er auf einer Pressekonferenz kurz vor der Wahl, habe er mit seiner Tour durch die Bierzelte persönlich erreicht. »Zählt man die Festzüge mit, sind es doppelt so viele«, freute er sich. Aubinger Herbstfest, Volksfest Gillamoos, Kirchweihzelt Gunzenhausen, Stadthalle Deggendorf, so ging das jeden Tag. Im Gepäck einen Sack Wahlgeschenke, größer als der vom Weihnachtsmann. Landespflegegeld, Familiengeld, Bayerisches Baukindergeld Plus, mehr Reiterstaffeln, mehr digitale Klassenzimmer versprach er.

Sein Kalkül im Wahlkampf schien zu sein: die Herzen der Menschen im Bierzelt erobern. Den Rest mit käuflicher Liebe regeln. Vielleicht hätte die Strategie gezündet. Ohne Anbiederung an die AfD und ihre Wähler. Franz Josef Strauß' Losung, wonach es rechts von der CSU keine andere Partei geben dürfe, hielt Söders Wahlkampfteam im Jahr 2018 noch für eine unverrückbare Wahrheit.

In der CSU glaubte man damals an die Legende, dass die Bundestagwahl im Jahr zuvor deshalb verloren wurde, weil der Konflikt mit Angela Merkel um eine Obergrenze für den Zuzug von Flüchtlingen nur halbherzig gelöst wurde. Die AfD warb in München auf ihren blauen Plakaten mit dem Satz: »Wir halten, was die CSU verspricht.« In der CSU reagierten sie darauf nicht mit einer kalten Schulter, sondern mit Aktionismus.

»Wir machen das« lautete Söders Antwort auf Merkels berühmtes »Wir schaffen das«. Seine erste Regierungserklärung als Ministerpräsident 2018 war eine nicht enden wollende Aneinanderreihung von Sofortmaßnahmen, Gesetzesinitiativen, Geldgeschenken. 1000 Euro pro Jahr für die bayerischen Hebammen, drei Milliarden Euro mehr für den Krankenhausbau, 100 Millionen mehr für den ÖPNV. Eine Milliarde Euro, rund ein Sechstel der bayerischen Rücklagen, entnahm Söder der Haushaltskasse, kurz nachdem er das Amt des Ministerpräsidenten übernommen hatte. Söder betrieb Politik am Fließband. Jeden Tag eine gute Tat. Dem Richtfest für die neue Umweltstation am Wöhrder See in Nürnberg folgte die Ankündigung einer 400 Meter langen Hyperloop-Teststrecke. Sogar eine bayerische Grenzschutzpolizei rief Söder ins Leben, obwohl die Überwachung der deutschen Außengrenze zu den hoheitlichen Aufgaben des Bundes gehört.

Von der Migration als »Mutter aller Probleme« sprach der CSU-Parteivorsitzende Horst Seehofer zu dieser Zeit. Er trieb den Konflikt mit der Flüchtlingskanzlerin Merkel mithilfe seines »Masterplan Migration« im Sommer 2018 so weit, dass die Abspaltung der CSU aus der Union mit der CDU im Raum stand. Söder hielt sich mit kernigen Auftritten in Berlin zurück. Lieber verlieh er im Münchner *Hofbräuhaus* Urkunden an die »100 besten Heimatwirtschaften« Bayerns. Wer im Freistaat einen Gasthof in idyllischer Umgebung betrieb, hätte sich mutwillig wegducken müssen, um einer Ehrung durch den Ministerpräsidenten zu entgehen.

Die ganze Folklore ließ viele übersehen, dass nicht nur Seehofer 2018 am rechten Rand zündelte, sondern auch Söder. Er hatte die Idee von Zurückweisungen von bereits in anderen EU-Ländern registrierten Flüchtlingen an der Grenze Mitte Mai per Interview mit der *Bild* in die politische Debatte eingebracht. »Wir müssen endlich den Asyltourismus beenden«, sagte Söder drei Monate später in einem *ZDF*-Interview.

Im *Hofbräuhaus* schmeichelte er den Wirten schamlos: »Sie sind für dieses Land wichtig. Wir schätzen Ihre Kreativität und Ihre Tradition.« Dann wurde es Zeit für die Legende vom deutschen Rechtsstaat, der mit zweierlei Maß misst. »Unsere Bürokratie ist so unglaublich mächtig, wenn es drum geht, Ihnen etwas vorzuschreiben«, sagte Söder in Richtung der Wirte, denen gleichzeitig Schweinshaxe mit Krautsalat serviert wurde. Es folgte die Pointe, wie immer im listigen Flüsterton vorgetragen, wonach es deutsche Behörden hingegen gar nicht interessiere, wer mit welchen Papieren oder Vorstrafen ins Land einreise.

Was Söder im Landtagswahlkampf 2018 nicht erkannte, war: In Bayern gibt es auch viele Menschen, die sich *nicht* für die Vorstrafenregister von Schutzsuchenden interessieren. Vor dem Festzelt in Moosburg zum Beispiel hatten sich an diesem Tag trotz strömenden Regens zahlreiche Demonstrierende versammelt, die Söder auf seinem Weg ins warme Zeltinnere gnadenlos ausbuhten. »Lasst euch Bayern nicht versödern!« stand auf ihren Plakaten. Oder: »Keine Hetze gegen Flüchtlinge.« Einer der Protestierer trug ein T-Shirt, auf das er mit Stoffmalfarbe »CSUm Kotzen« geschrieben hatte.

Zwar waren die Bayern im Zelt auf Söders Seite. Der Applaus für seine Rede, an dessen Ende der Ministerpräsident nassgeschwitzt in den weißen Bademantel schlüpfte, donnerte durch halb Moosburg. Allerdings: Geselligkeit, wohl in keinem Bundesland demonstrativer zelebriert als in Bayern, geht Söder vollkommen ab. Nur selten sah man ihn im Anschluss an seine Festzeltauftritte verweilen im Bad der Menge oder an der Bierbank der Lokalprominenz. Schnell hetzte Söder weiter zum nächsten Termin.

Bierzeltauftritte seien für ihn eine »Form der Entspannung«, sagte Söder bei einem Rededuell mit der SPD-Spitzenkandidatin Natascha Kohnen vier Wochen vor der Landtagswahl. Der Moderator hatte die beiden gefragt, wie sie sich im Wahlkampf erholten.

Nach der Podiumsdiskussion in Nürnberg wird Söder ungeduldig, als der Moderator bei der Verabschiedung wortreich Werbung für die angekündigte Diskussion mit Wissenschaftsminister Bernd Sibler und, das fällt ihm gleich auch noch ein, für die Veranstaltung mit Innenminister Joachim Herrmann macht. Söder steht neben dem Rednerpult und macht mit seinen Händen eine rollende Bewegung, um dem Moderator zu signalisieren, doch bitte schneller zu sprechen.

Rückzugsräume – ein Abend im Kreis seiner Familie zum Beispiel – scheint Söder kaum zu brauchen. Obwohl das Rededuell der *Nürnberger Nachrichten* in seinem Wahlkreis stattfindet, fährt er um 21 Uhr nicht etwa nach Hause, sondern in seine Zweitwohnung nach München. Der nächste Wahlkampfauftritt beginnt gleich am nächsten Tag bereits um sieben Uhr in einer Schule westlich der Landeshauptstadt.

Wer Söder am Rande des Termins dort fragt, welcher Hit von Udo Jürgens sein Lieblingslied sei, bekommt zunächst Schweigen als Antwort. Söder scheint die Hits der Reihe nach im Kopf durchzugehen, dann entscheidet er sich für »Ich war noch niemals in New York«. Die Begründung leuchtet sofort ein: »Mit der Antwort kann man nichts falsch machen.«

Dass er einmal etwas aus dem Bauch heraus entscheidet, etwas aus Prinzip tut oder vielleicht sogar der Stimme seines Herzens folgt, kommt nicht vor. Jede Antwort, und es sind viele, die er jeden Tag gibt, klopft Markus Söder auf Falltüren ab, bevor er sie gibt. Dabei bleibt er, wie in seinem angeblichen Lieblingslied von Udo Jürgens, ein Mann aus der Provinz, dessen Horizont auch dort endet. Mit europäischem Idealismus, ökologischem Eifer für die Rettung der Schöpfung oder Interesse für Bundespolitik fällt Söder im Landtagswahlkampf 2018 nicht auf. Die Botschaften auf seinen Wahlplakaten sind vorhersehbarer als das Amen in der Kirche. »Das Beste für Bayern«, lautet sein einfaches Motto. Oder: »Modern sein und bayerisch bleiben.«

Am Wahlabend des 14. Oktober 2018 landet Söders CSU bei 37,2 Prozent. Das Ergebnis ist sogar noch schlechter als das der Bundestagswahl ein Jahr zuvor. Seit 1950 sind die Christsozialen in Bayern bei Landtagswahlen nie wieder so tief gesunken. Söder muss mit den Freien Wählern eine Koalition bilden, um an der Macht zu bleiben. Von einem »politischen Nahtoderlebnis« spricht er zwei Jahre später selbstkritisch.

Sein Überleben im Amt hat er Horst Seehofers Sturkopf zu verdanken. Seehofer weiß sehr wohl, dass es keine Glanzleistung gewesen ist, den eigentlich geschassten Verfassungsschutzchef Hans-Georg Maaßen zu befördern. Gibt es aber nicht zu. Genauso wenig wie Fehler im Asylstreit mit der Schwesterpartei CDU. Die Basis, mit der er sich stets auf einer Wellenlänge befand, brachte Seehofer damit gegen sich auf. Seine trotzige Art verprellte die letzten treuen Anhänger.

»Noch mal mache ich einen Watschnbaum nicht«, sagte er in einer Stammtischsendung des Bayerischen Rundfunks. Seehofer hoffte, dass er Zeit gewinnen kann, indem er der CSU als neuen Parteivorsitzenden eine Alternative zu Markus Söder in Aussicht stellte. Auffällig häufig lobte er in diesen Tagen Manfred Weber, den frisch gewählten Spitzenkandidaten für die Europawahl als »unseren großen Hoffnungsträger«. Doch dieser glaubte, dass sich das Amt des Parteivorsitzenden nicht mit dem von ihm angestrebten Posten des EU-Kommissionspräsidenten vereinen ließ und warf seinen Hut nicht mehr, wie im Jahr zuvor, in den Ring.

Ilse Aigner wurde nach der Landtagswahl mit dem Amt der Landtagspräsidentin versorgt, in dem sie seitdem strahlt wie das blühende Leben. Und der gemütliche Joachim Herrmann? Den berief Söder erneut zum bayerischen Innenminister und stellte ihn damit ruhiger, als er ohnehin schon immer war. Herrmann hätte aus eigener Kraft nie hinterrücks zum Putsch auf Söder geblasen.

Ein weiteres Mal hat Markus Söder Glück. Trotz grottenschlechtem Wahlergebnis blieb er bayerischer Ministerpräsident. Und bekam das Amt des Parteivorsitzenden als Zugabe obendrauf. Einen Monat nach der Landtagswahl kündigte Horst Seehofer an, den Chefsessel zur Verfügung zu stellen. Nicht direkt freiwillig: Die Parteibasis und die CSU-Bezirksvorsitzenden hatten ihm unmissverständlich klargemacht, dass sie sich einen Neuanfang wünschten. Seehofer ereilte damit genau das Schicksal, das er immer vermeiden wollte: Er wurde vom Hof gejagt wie ein alter Bauer.

Am 19. Januar 2019 wählten die Delegierten auf einem Sonderparteitag in München Markus Söder zu Seehofers Nachfolger. Für eine Wahl ohne Gegenkandidaten sind 87,4 Prozent Zustimmung alles andere als ein fulminantes Ergebnis. Die Partei ergab sich dem neuen Anführer mehr, als dass sie sich ihm hingab. »Vergesst mir die kleinen Leute nicht!« Mit diesem Appell beendete Horst Seehofer seine letzte Rede als Parteivorsitzender. Markus Söder gab sich gelehrig und formulierte wenige Minuten später sein Bekenntnis zur Bodenständigkeit:

»Die CSU war nie die Partei der Proseccotrinker. Sie war immer die Partei der Leberkäsetage.«

Kaum war die Personalie beschlossene Sache, leerte sich die Kleine Olympiahalle – selbst der Currywurststand war plötzlich verwaist. Die Delegierten gingen ermattet nach Hause, statt über Anträge wie den einer Amtszeitbegrenzung von künftigen Bundeskanzlern auf drei Legislaturperioden zu debattieren. Schließlich musste der Parteitag wegen mangelnder Beschlussfähigkeit vorzeitig abgebrochen werden.

Das Motto des Parteitags lautete: »Zeit für neue Stärke.«

PROFIL MIT STIL

Der Politische Aschermittwoch in der zum überdimensionalen Wirtshaus umdekorierten Passauer Dreiländerhalle im Februar 2019 beginnt mit einem Schockmoment für die Menschen an den Bierkrügen. Als die Kapelle den Defiliermarsch anstimmt, der stets die Ankunft des bayerischen Ministerpräsidenten verkündet, sieht es für einen kleinen Moment so aus, als marschiere nicht Amtsinhaber Markus Söder in die Halle ein, sondern sein grüner Antipode Robert Habeck.

Denn Söder trägt an diesem Tag plötzlich einen Dreitagebart und ein am Hals aufgeknöpftes Hemd. Habeck-Stil eben. Nahezu tiefenentspannt bewegt Söder sich durch die Menge. Reden im Bierzelt, das hat er ja im zurückliegenden Landtagswahlkampf bereits häufig behauptet, seien für ihn eine Entspannungsmethode. Wer noch Zweifel am neuen Look des Chefs hatte, dem rief Verkehrsminister Andreas Scheuer in seiner Eröffnungsansprache zu: Die heutige Veranstaltung sei »keine Verlängerung von Fasching, sondern der Tag, an dem Politik gemacht wird«. Nun denn.

Tatsächlich hatte sich die Partei etwas Besonderes ausgedacht. Ein Zeichen gegen Populismus wolle man setzen, so hatte es Markus Söder bereits tags zuvor angekündigt. Manfred Weber, der EVP-Spitzenkandidat für die Europawahl, CSU-Vize und zweiter Hauptredner an diesem Mittwoch, sekundierte: Dieses Jahr gehe es um »echte Themen«.

Heißt: echte Themen statt verbaler Schienbeintritte, mit denen CSU-Veteran Franz Josef Strauß die Aschermittwochssause in Passau einst berühmt und berüchtigt gemacht hatte. Ein gewagtes Experiment – aber es passte zu Söders Wandlung zum demütigen Landesvater. Vom Raufbold in die Rolle des sanften Riesen wollte er schlüpfen. Markus Söder, das war immer: Zuspitzung, die wehtut. Aufmerksamkeit um jeden Preis. Den wunden Punkt des Gegners finden und verbal voll reinbohren. Der neue, sanfte Markus Söder will niemanden verletzen. Auch nicht beim politischen Schlagabtausch in Passau.

Die kommenden Monate sollten nach dem Willen des Parteivorsitzenden zum »Jahr der Erneuerung« werden. Die CSU müsse sich jünger, weiblicher, dynamischer präsentieren. Er selbst ging seit der verlorenen Landtagswahl mit gutem Beispiel voran. Der Mann, der als Generalsekretär der CSU einen Ruf als der »größte Kotzbrocken der deutschen Politikszene« verteidigte, behauptete in Interviews nun plötzlich, in Zukunft auf Egoshows verzichten zu wollen. Stattdessen werde er »Profil mit Stil« praktizieren. Tatsächlich trat Söder zu der Zeit kaum in Talkshows auf.

Die Wandlung zum Staatsmann ging so weit, dass Söder zur traditionellen Fastnachtsveranstaltung im fränkischen Veitshöchheim in diesem Jahr ohne Kostüm erschien. Er trug Smoking mit – ein bisschen Spaß muss schon sein – bunter Fliege.

Man dürfe den Grünen nicht das Monopol auf gute Laune in der Politik überlassen, hatte Söder nach dem verbockten Landtagswahlkampf 2018 richtig erkannt. »Konstruktiven Optimismus« solle die CSU mit ihm an der Spitze künftig verkörpern.

Für diesen Kurs steht auch Manfred Weber, der bei der Europawahl im Mai 2019 als Spitzenkandidat der Europäischen Volkspartei antrat. In Passau setzt er auf einen sehr selbstbewussten, sehr proeuropäischen Auftritt. Er habe gezeigt, dass er Europa zusammenhalten könne, ruft Weber: »Ich will, ich kann und ich werde Europäischer Kommissionspräsident.« Das kommt an im Saal. Söder, früher nicht gerade ein Verbündeter Webers, wird später gar vom »Manfred-Fieber« sprechen. Die Europawahl verkürzt er zur »Manfred-Wahl«. Das ist geschickt. Der Niederbayer auf dem Weg an die Spitze Europas ist für Markus Söder Sündenbock und Schutzengel zugleich.

»Wir stehen hinter dir«, versicherte er Manfred Weber. Was nichts anderes bedeutet als: Den Kopf wird Weber am Ende alleine hinhalten müssen. Wäre das Ergebnis der ersten Wahl mit Söder an der Parteispitze für die CSU schwächer ausgefallen als in den Umfragen erwartet, hätte es an der falschen Strategie des lieben Manfred gelegen. Als die CSU am Abend des 26. Mai 2019 dann aber mit 39,5 Prozent ein sehr ordentliches Europawahlergebnis feierte, stand Söder neben Weber und sagte: »Wir waren ein tolles Team.«

Reden zu Europa klingen aus Söders Mund wie vertonte Wikipedia-Einträge. Meist spricht er über den freien Warenverkehr, Klimaschutz als grenzüberschreitendes Thema, mehr Miteinander statt Gegeneinander, Frieden, gewachsene Traditionen, Humanität und Ordnung, Kontinent der Vielfalt, Europa als Tor zur Welt. Seine Sätze transportieren viele Informationen und wenig Gefühl. Die Zuhörer können jede Aussage abnicken, bis sie vor Zustimmung irgendwann einschlummern. Da hilft auch Säuselsöders neu entdeckte Lust am Reimen – wie in dem Slogan »Ich will ein Europa, das schützt und nützt« – nicht weiter.

Europafähnchen sind als Schmuck auf den Bierbänken beim Politischen Aschermittwoch 2019 in Passau omnipräsent. Weber sagt, Politik müsse aus der Mitte heraus gestaltet werden »und nicht von rechten Dumpfbacken«. Das geht gegen die AfD und die anderen Rechtspopulisten in Europa. Auch Söder nimmt dieses Motiv auf, positioniert sich in seiner Rede gleich zu Beginn ungewohnt deutlich gegen rechts. Den Wählern der AfD ruft er zu: »Kehrt zurück und lasst die Nazis in der Partei allein.«

Für Markus Söder ist es der erste Politische Aschermittwoch, seit er CSU-Chef ist. Ganz im Sinne seines neuen Images setzt er für Aschermittwochsverhältnisse auf eher leise Töne. Söder wirkt wie ein Boxer, der den Gegner lieber kunstvoll müde tänzelt, statt ihn mit Kinnhaken zu traktieren. Neben der AfD nimmt er sich ausgiebig die »besserwisserischen« Grünen vor. Er wisse wohl, sagt Söder, dass er mit dem Dreitagebart im Gesicht aussehe wie Robert Habeck. Aber: »So lässig wie der sind wir schon lange. Bloß wächst bei uns mehr.« Da johlen sie im Saal. Sein Bartexperiment gibt Söder tags darauf allerdings wieder auf.

Dafür versucht er seine Essgewohnheiten dem grünen Zeitgeist anzupassen. Jedenfalls postet Söder in den sozialen Netzwerken nur noch selten Bilder von Tellern vor sich, auf denen sich unappetitliche Fleischberge türmen. Hungrig wie ein Neandertaler, der gerade ein Mammut erlegt hat, textete er früher: »Einem guten Schaschlik kann man nicht widerstehen.« Stattdessen fotografiert er jetzt lieber Schälchen mit Mandarinen- oder Ananasschnitzen ab, »jeden Tag Obst« halte fit, »Vitamine am Morgen« würden in der kalten Jahreszeit helfen. Beim Schnappschuss von Blumenkohl zwischen Radieschen klärt Söder auf: »Gesund ernähren ist gerade in der Fastenzeit wichtig. Bayerisches Gemüse ist da besonders zu empfehlen.« Eine gute Portion Patriotismus darf natürlich nie fehlen.

In einer seiner vielen Regierungserklärungen im Bayerischen Landtag wurde Söder ganz pathetisch. Es müsse endlich Schluss sein mit »Ego first«. Er, Söder, biete »Gemeinwohl, Ausgleich und Kompromiss«. Sagte es, ohne rot zu werden. Brücken wolle er bauen, rief er ins Plenum. Brücken für ein menschliches Bayern, Brücken für ein modernes Bayern, Brücken zu einem freiheitlichen Bürgerstaat, Brücken zwischen Stadt und Land, zwischen Humanität und Ordnung. »Wir bauen Brücken in die Welt«, kündigte er an und natürlich »Brücken in die Zukunft«. Markus Söder gab den Retter der Demokratie. Mit der Übertreibung als einem Stilmittel, dem er stets treu geblieben ist.

Man muss ihn nur anschauen, um Zweifel zu bekommen am neuen, weichen Brückensöder: Breitbeinig, massig und – freundlich formuliert – uneitel steht er auf der Bühne des Politischen Aschermittwochs vor den Leuten. Mit dem eleganten Slimfit-Konservativismus eines Sebastian Kurz kann Söder nicht mithalten. Auch die kuschelige Brummbärigkeit eines Robert Habeck geht ihm ab, so sehr sich Söder auch müht, den obersten Knopf seines Hemds offen zu lassen und die Hosenbeine hochzukrempeln, sobald er in die Nähe von Wasser kommt.

Dabei wollte Bayern, diese Mischung aus Wunderland und Schurkenstaat, in der Vergangenheit noch nie einen braven Landesvater. Sondern einen Anführer, der im Rest der Republik Angst und Schrecken verbreitet. Söder aber gibt sich betont konstruktiv in den Berliner Koalitionsrunden. Beute für Bayern, wie das seine Vorgänger als Parteivorsitzende häufig praktiziert haben, ist Söders Sache nicht. Die Pkw-Maut ist auf dem Mist von Horst Seehofer und Alexander Dobrindt gewachsen, auch die Mütterrente gehört nicht zu Söders Herzensangelegenheiten. Er und die damals ebenfalls neu ins Amt gewählte CDU-Parteivorsitzende Annegret Kramp-

Karrenbauer arbeiten »vertrauensvoll zusammen«, wie Söder gerne betont.

Anders als viele ihrer Parteifreunde äußerte Söder nie öffentlich Kritik an der CDU-Chefin, auch ihre Eignung als mögliche Kanzlerin stellte er nicht infrage. Für den Mann aus Bayern war die Frau aus dem Saarland die ideale Verbündete: zu schwach, um ihm zu widersprechen, aber stark genug, um seine Ideen umzusetzen. Kurz vor Ausbruch der Pandemie hatte Söder eine Kabinettsumbildung im Bund verlangt – für Andreas Scheuer und Horst Seehofer hätte wohl die letzte Stunde geschlagen. Kramp-Karrenbauer nickte den Plan ab. Um kurz darauf zurückzutreten und die CDU in eine Führungskrise zu stürzen, als deren Profiteur Söder glänzte. Allerdings nicht mehr als Softie der Nation.

Schon vor Ausbruch der Pandemie gab es eine Sehnsucht nach kernigen Ärmelhochkremplern in der Politik, die unverstellt und authentisch auftreten. Angela Merkels einschläfernder Politikstil hat auf Bundesebene zur Renaissance einer Haudraufmännlichkcit geführt, die nicht nur einige AfD-Abgeordnete im Bundestag verkörpern, sondern auch liberale Typen wie Wolfgang Kubicki. Gerade in Bayern, wo das Krachlederne schon immer Konjunktur hatte, hätte sich Söder womöglich gar nicht in den kuschelweichen Landesvater mit stoppeligen Dreitagebart verwandeln müssen, um akzeptiert zu werden.

Trotzdem entschied sich Söder nach der Landtagswahl für die Rolle des demütigen Demokraten. Er spüre »eine Verantwortung des Amtes«, die es ihm wichtig erscheinen lasse, »das Auseinanderdriften der Gesellschaft zu überwinden«, sagte er 2019. Weshalb er sich vorgenommen habe, »niemanden persönlich anzugreifen, sondern mit Argumenten zu diskutieren«. Er wolle »die emotionale Bindung« zwischen Volk und Volksvertretung stärken.

Auch als Feminist gab er sich aus. Erlebte aber in dieser Rolle seine bislang größte Schlappe als Parteivorsitzender. Auf dem Parteitag im Oktober 2019 hätte die CSU auf sein Geheiß hin eigentlich die Ausweitung der schon bestehenden Frauenquote auf Bezirks- und Vorstandsebene von 40 auf 50 Prozent beschließen sollen. Und die bewährte 40-Prozent-Quote sollte auch auf Kreisvorstandsebene neu eingeführt werden. Also genau dort, wo die Parteibasis nicht dem neuen CSU-Leitbild »jünger, weiblicher, digitaler« entspricht.

Folglich weigerte sich die Basis auch, Söders Kurs mitzugehen. Dabei hatte der die Delegierten gebeten, nicht den Eindruck entstehen zu lassen, in der CSU kämpften Frauen gegen Männer. Die Gesellschaft verändere sich, die Zeit bleibe nicht stehen. Mit Blick auf die eher glanzlosen Wahlergebnisse der letzten Jahre sagte er: »Bei den ganz jungen Frauen schneiden wir verheerend ab.« Überzeugen konnte er die Delegierten mit diesem Argument nicht. Aber Söder ließ sich von der Mehrheitsmeinung dieses Mal nicht zur Richtungsänderung zwingen.

Vier Monate später, als Bauminister Hans Georg Reichhart sein Amt aufgab, um Landrat in Günzburg zu werden, besetzte Söder das Kabinett paritätisch mit genau so vielen Frauen wie Männern. Er ernannte Kerstin Schreyer zu Reichharts Nachfolgerin, und das stieß bei der Mehrheit der männlichen Abgeordneten in der CSU-Fraktion auf wenig Gegenliebe. In der Landtagsgaststätte hörte man während dieser Tage einige frustrierte Herren scherzen, man müsse sich wohl künftig umoperieren lassen, um sich für höhere Ämter zu empfehlen.

Der Frauenanteil in der bayerischen CSU-Fraktion liegt bei minimalen 21,2 Prozent. Folglich gibt es kaum eine CSU-Abgeordnete, die nicht entweder ein Ministeramt oder einen Vorsitzposten im Landtagsausschuss besetzt. Das sorgt für Neid bei den männlichen Kollegen. Nicht alle von ihnen sind so wandlungsfixiert wie ihr Oberhaupt Markus Söder.

DER ASYLTOURIST

Politiker wählen als Ziel für ihre erste diplomatische Auslandsreise gerne symbolträchtige Partnerländer aus. Angela Merkel, Gerhard Schröder, Helmut Kohl und Helmut Schmidt erwiesen als Bundeskanzler alle den jeweiligen französischen Staatspräsidenten als wichtigsten Verbündeten in Europa die Ehre. Horst Seehofer flog als frisch gewählter Ministerpräsident 2008 nach Wien zu Bayerns Nachbarstaat Österreich.

Markus Söder entscheidet sich für Neuland. Im April 2019 bricht er zum Antrittsbesuch nach Äthiopien auf. Er ist der erste Ministerpräsident Deutschlands, der diesen afrikanischen Staat bereist. Eine Pioniertat, auf die er gerne hinweist. Afrika, so Söder in einer Videobotschaft vor seiner Abreise, sei der »unentdeckte Nachbar Europas«. Er wolle Fluchtursachen bekämpfen, die wirtschaftliche Zusammenarbeit verbessern, Entwicklungshilfe »auf ein anderes Niveau« bringen.

Äthiopien ist nach Uganda das zweitgrößte Aufnahmeland für Flüchtlinge in Afrika, da es in direkter Nachbarschaft zu den Krisengebieten in Somalia, Eritrea,

Sudan und Jemen liegt. Söder möchte mit der Wahl des Ortes seiner ersten Auslandsreise »ein neues Kapitel« bayerischer Außenpolitik aufschlagen. Vor allem aber möchte er das Kapitel seines Lebenslaufs, in dem er als stramm konservativer Antiasyl-Hardliner Schlagzeilen machte, öffentlichkeitswirksam zuschlagen. Der neue Markus Söder, das will er allen beweisen, fischt ab sofort nicht mehr am rechten Rand nach Wählerstimmen. Seinen neuerdings sehr harten, abgrenzenden Worten gegenüber der AfD, die er »auf dem Weg zur wahren NPD« sieht, sollen Taten folgen. Söder braucht Bilder, die seinen Wandel vom Flüchtlingsschreck zum Menschenfreund glaubhaft machen.

Im Asylstreit mit der CDU nach Ausbruch der Flüchtlingskrise hatte Söder den Einpeitscher gegeben. Als er direkt nach den verheerenden Terroranschlägen in Paris 2015 getwittert hatte »#ParisAttacks ändert alles. Wir dürfen keine illegale und unkontrollierte Zuwanderung zulassen« und damit, ohne Ermittlungsergebnisse abzuwarten, einen direkten Zusammenhang zwischen der brutalen Gewaltnacht in Frankreich und den hohen Asylbewerberzahlen in Deutschland herstellte, ging das selbst Horst Seehofer zu weit. Er sprach von einer »Grenzüberschreitung« seines Finanzministers und unterstellte diesem »persönliche und parteipolitische Motive«. Profilierung auf Kosten von 130 unschuldig Getöteten. Ein harter Vorwurf.

Weggefährten, die Markus Söder seit Jahrzehnten täglich und nah erleben, sagen, es gebe bei ihm keinerlei persönliche Vorbehalte gegen Menschen aus anderen Kulturkreisen. Seine Heimatstadt Nürnberg ist stark migrantisch geprägt. »Markus geht oft und gerne türkisch essen. Natürlich kennen ihn da alle. Aber noch beeindruckender ist: Er kennt sie auch alle. Die gegenseitige Freude und Wertschätzung ist für jeden sofort zu sehen und zu spüren«, sagt zum Beispiel CSU-Digitalstaatsministerin Dorothee Bär über ihren Parteichef. Söder weiß ganz genau, dass er neue Wählerschichten erreichen muss, wenn seine CSU weiter Volkspartei in Bayern bleiben will. Schon allein aus purem Machtkalkül kann sich einer wie Markus Söder keine Vorbehalte oder offene Ressentiments erlauben gegen Menschen anderer Kultur oder Hautfarbe.

Er ist auch nie mit Spitzen gegen Schwule oder Angehörige des dritten Geschlechts aufgefallen – anders als zum Beispiel Friedrich Merz, der Homosexualität jüngst in die Nähe der Pädophilie rückte, oder Annegret Kramp-Karrenbauer, die bei einer Karnevalsdarbietung im Februar 2019 vollkommen abwegige Witze über Toiletten für intersexuelle Menschen machte.

Im Kern ist Markus Söder ein liberaler Geist. »Leben und leben lassen, an dieses bayerische Motto halte ich mich«, sagt er über sich selbst. Aber wenn er kein strammer Rechter ist, warum hat er dann in den Jahren 2015 bis 2018 so kräftig auf die braune Pauke gehauen? Warum hat er die Eindämmung des »Asyltourismus« gefordert, im Streit mit der CDU um Zurückweisungen von Flüchtlingen vom »Endspiel um die Glaubwürdigkeit«

schwadroniert und eine bayerische Grenzpolizei erschaffen, die vom Verfassungsgerichtshof in Bayern zwei Jahre später als nicht verfassungskonform abgeurteilt wurde? Er sagt, clever wie immer, er sei eben damals als braver und manchmal auch übereifriger Parteisoldat dem Kurs des CSU-Vorsitzenden Horst Seehofer gefolgt.

Als er gesehen habe, wie Björn Höcke während der rechtsextremen Aufmärsche und Ausschreitungen 2018 in Chemnitz Seit an Seit mit Nazis marschierte und wie dabei die Weiße Rose, das Symbol der Geschwister Scholl gegen die Nationalsozialisten, »missbräuchlich instrumentalisiert« wurde, habe er den Entschluss gefasst, die Wähler der AfD nicht länger zu umgarnen, sondern deren Partei aktiv »zu bekämpfen«, sagte Söder. Dazu gehöre unter anderem die klare Abgrenzung auch gegen einfache AfD-Mitglieder – selbst ein »Kaffeeplausch« auf kommunaler Ebene sei indiskutabel – und seine oben erwähnte offizielle Reise nach Äthiopien inklusive Besuch eines Flüchtlingslagers mitten in der Wüste. Ein Statement.

Niemand hat die Absicht, Markus Söder dort als Asyltouristen zu belächeln. Kurz bevor der bayerische Ministerpräsident seinen Rundgang beginnt, lässt er dennoch wissen: »Der Besuch heute ist kein Tourismus, sondern ein Angebot zur Unterstützung und zur Solidarität vor Ort.« Der Freistaat Bayern habe 100 000 Euro gespendet, um im Nguenyyiel Refugee Camp die Grundschule zu vergrößern und eine Bibliothek zu finanzieren. Fast 100 000 Flüchtlinge aus dem krisengeschüttelten

Südsudan leben in diesem Lager. Auf den Schulbänken im Klassenzimmer drängen sich Mädchen dicht an dicht und singen mit Stimmen so laut wie zehn bayerische Blaskapellen eine Dankeshymne auf Markus Söder. So behauptet es zumindest der Übersetzer des UN-Flüchtlingshilfswerks UNHCR, das dieses Flüchtlingslager betreibt.

Die Menschen hier kennen Markus Söder nicht. Es ist ihnen vermutlich auch einerlei, ob er sich als Tourist, Faschingsprinz oder demokratisch gewählter Politiker eines deutschen Bundeslandes auf den Weg zu ihnen gemacht hat. Sie freuen sich einfach darüber, dass er da ist. Dass etwas los ist – Abwechslung vom tristen Alltag im Camp. Immer wieder versammeln sich Geflüchtete vor dem bayerischen Ministerpräsidenten, um zu singen oder zu tanzen.

Söder wippt verlegen ein paar Takte mit, klatscht artig nach jeder Darbietung, wirkt irritiert über die Diskrepanz zwischen den »für uns beklemmenden Zuständen im Lager und der Lebensfreude der Bewohner«. Natürlich sagt er auch das, was westliche Politiker im östlichen Afrika immer sagen: »Alles, was wir Gutes leisten, auch mit wenigen Mitteln, wird am Ende dazu führen, dass die Menschen hier eine Perspektive sehen.« Mit »hier« ist nicht unbedingt das Flüchtlingslager gemeint, von dem aus man eine Stunde im Pick-up über lehmige Schlaglochpisten rasen muss, bis man die nächstgelegene Wellblechsiedlung erreicht, sondern das Land drum herum.

Äthiopien gehört zu den aufstrebenden Staaten Afrikas. Sein Regierungschef Abiy Ahmed gewann just im Jahr von Söders Besuch den Friedensnobelpreis. Das Land, das lange von Krieg und Hunger geprägt war, hat unter dem neuen Premier Ahmed eine steile Aufwärtskurve hingelegt. Die Wirtschaft wächst, es gibt Pressefreiheit, zeitweise herrschte Frieden mit dem benachbarten Eritrea, ein paritätisch besetztes Parlament und eine Frau als Staatspräsidentin.

Aus dem Fenster des Delegationsreisebusses wirkt Äthiopien wie ein Land, das gleichzeitig Drehort für eine Dallmayr-Werbung und Kulisse für einen Zombiefilm sein könnte. Viel sattes Grün, aber auch viele Hochhausgerippe. Zeit für Sightseeing hat Söder nicht. Um sechs Uhr morgens verlässt er meist das Hotel, um bis in die Nacht Termin an Termin zu reihen: Er übergibt Spenden für eine Solaranlage auf der German Church School für Sehbehinderte, eröffnet erst den Bayerisch-Äthiopischen Wirtschaftstag, später dann die Fußballschule des FC Bayern München in Addis Abeba. Beiläufig erwähnt er die nächtlichen Telefonschalten aus dem Hotelzimmer in Äthiopien mit der Kanzlerin in Berlin zu den Details kommender Gesetzesvorhaben. Vom einstigen Scharfmacher Söder ist in Äthiopien nichts mehr übrig.

Neben der Völkerverständigung mit Afrika setzt Söder neuerdings auf den Dialog mit Bauern und Umweltschützern. Im Jahr 2019 bestimmt die Ökologie die politische Agenda in Deutschland. Und das Klima lässt sich bekanntermaßen von überall in der Welt aus retten. Gleich der erste Termin seines Besuchs in Äthiopien führt Söder in einen Kirchenwald vor den Toren Addis Abebas.

Hier unterstützt die bayerische Staatsregierung ein Forschungsprojekt der Technischen Universität München. Es geht um die Aufforstung des Landes. Die Kirchen in Äthiopien schützen ihre Wälder und trotzen so dem Klimawandel. »Denn ohne Bäume kann es keine gute Zukunft geben«, weiß Söder. Gemäß dem evangelischen Hilfswerk »Brot für die Welt« war Äthiopien »zu Beginn des 20. Jahrhunderts« noch »zu 40 Prozent mit Wald bedeckt, heute sind es nicht einmal mehr fünf Prozent«.

Wieder wird der Ministerpräsident minutenlang von Kindern mit goldenen Kreuzen in der Hand besungen, bevor er zu Spaten und Gießkanne greift. Eine halbe Stunde später verbreitet Söders mitgereistes Presseteam die Bilder über Twitter und Facebook.

Es sind einheimische Journalisten, die die Harmonie durchbrechen, als sie Söder fragen, ob es aus ökologischen Gesichtspunkten nicht sinnvoller gewesen wäre, er hätte Bayern gar nicht erst verlassen. Schließlich sei er im Flugzeug angereist, mit zehn weißen Minivans in den Kirchenwald gerauscht – alles nur, um einen Baum zu pflanzen? Söder antwortet auf Englisch, er habe nun mal schlecht mit dem Fahrrad anreisen können. Außerdem seien alle Flüge klimaneutral gebucht worden.

Gleichzeitig mit Söder reist eine 60-köpfige deutsche Wirtschaftsdelegation durchs Land. Ein Teilnehmer sagt, es herrsche nicht gerade Goldgräberstimmung unter den mitgereisten Vertretern bayerischer Unternehmen, aber das grundsätzliche Interesse an Äthiopien sei groß. Nur 1,3 Prozent aller Exporte aus dem Freistaat wandern nach Afrika, so eine damals aktuelle Studie des ifo Instituts im Auftrag des Bayerischen Industrie- und Handelskammertags. Das entspricht den bayerischen Warenausfuhren in die Slowakei.

Söder will sich natürlich nicht vorwerfen lassen, seine Reise nach Afrika sei nicht nachhaltig. Während des Vortrags der Deutschen Botschafterin vor versammelter Delegation, in dem sie langfristiges Engagement vor Ort anmahnte, drückte Söder zwar desinteressiert auf seinem Handy herum. Tags drauf aber eröffnete er das Bayerische Afrikabüro. Die 4 Hinterberger Musikanten sind extra aus Nußdorf am Inn klimaneutral eingeflogen worden, um die feierliche Einweihung musikalisch zu untermalen. Für die Fotografen zückt Söder einen Schraubenzieher aus der Tasche, um das Schild fest in der Hauswand zu verankern.

Damals bestand das Afrikabüro aus eben diesem Schild und einer Person am Schreibtisch im Büro der Gesellschaft für Technische Zusammenarbeit GTZ in Addis Abeba. Linda Schraml, schon lange für die GTZ tätig, hat von nun an die sicherlich herausfordernde Aufgabe, das Büro nach Söders Wunsch zur »festen Kontaktstelle Bayerns für ganz Afrika« werden zu lassen. Addis Abeba sei schließlich als Sitz der Afrikanischen Union das »Brüssel Afrikas«.

Da blitzt er kurz auf, der Söder'sche Superlativismus alter Prägung – bevor sich der Ministerpräsident wieder fängt und demütig erklärt: »Kleine Schritte vorwärts sind besser als große Schritte, die man dann wieder zurückgehen muss.«

Der Ministerpräsident nutzt in Äthiopien übrigens keine gepanzerte Limousine mit eigenem Fahrer, die ihn wie in Bayern von Termin zu Termin chauffiert. Söder sitzt meistens im Reisebus der rund 20 mitgekommenen Journalisten, er gibt Interviews, führt Hintergrundgespräche, wirkt nahbarer und entspannter als sonst.

Vielleicht mache er Ende des Jahres noch eine Reise nach Amerika, überlegt er laut. Er ist zwar gerade auf einer Buckelpiste in Afrika, aber gedanklich schon auf der Datenautobahn. Söder hat noch ein neues Thema entdeckt: die Digitalisierung. Da müsse man viel mehr investieren als bisher, in Universitäten und die »Zukunftsbranche« künstliche Intelligenz.

MISTER UNIVERSUM

W er Visionen hat, soll zum Arzt gehen«, sagte Bundeskanzler Helmut Schmidt vor Jahren im *Spiegel* zu einer Zeit, als Markus Söder noch mit Legosteinen Raumschiffe gebaut haben dürfte. Er bezog sich auf seinen Parteikollegen Willy Brandt. Ob die Politik des bayerischen Ministerpräsidenten nun visionär oder krankhaft selbstdarstellerisch ist, sie zeugt jedenfalls von Erfindergeist.

Von den über 100 Ankündigungen in Söders erster Regierungserklärung als Ministerpräsident sorgte sein Raumfahrtprogramm »Bavaria One« für den größten Knalleffekt. Investitionen von mehr als 700 Millionen Euro in heimische Satellitentechnik und eine neue Raumfahrtfakultät an der Technischen Universität München sollten Bayern zum »Zentrum der deutschen Forschungsavantgarde« machen.

Als Söders Kabinett das Förderprogramm im Oktober 2018 offiziell auf den Weg brachte, hagelte es Häme und Spott. Schuld daran war ein Tweet des Ministerpräsidenten: »Zukunft heißt Technologie. Bayern ist

Marktführer: Wir investieren in Digitalisierung, Robotik, künstliche Intelligenz, Hyperloop und Raumfahrt und entwickeln sogar Quantencomputer.« Söder hatte die selbstbewusste Botschaft mit einem bombastischen Foto versehen – ohne jede Ironie. Es zeigte den CSU-Politiker auf einer Kundgebung der Jungen Union. Im Hintergrund prangte ein gezeichnetes Bild von Söders Schädel, um den das Motto »Bavaria One – Mission Zukunft« kreiste.

Die Opposition, das Netz, alle Söder-Kritiker nahmen die Witzvorlage dankend an: »Bavarian Größenwahn« sei wohl der passendere Name für Bayerns Raumfahrtstrategie, sie sei »Lichtjahre vom gesunden Menschenverstand entfernt«, Söder solle lieber »irdische Probleme« wie Mobilfunklöcher und fehlendes flächendeckendes Internet lösen, statt darum zu betteln, »zum Mond geschossen zu werden«. So ging es tagelang. Söder verteidigte sich. Es gehe ihm keinesfalls darum, *Star Trek* zu spielen, sagte er.

Aber es sprangen Söder auch zahlreiche Forscher und Wissenschaftler zur Seite, die seine Idee lobten. Was Söder richtig und als einer der wenigen Politiker in Deutschland erkannt hat: Die Raumfahrtbranche befindet sich enorm im Wandel, weil immer mehr privatwirtschaftliche Initiativen aus dem Silicon Valley wie zum Beispiel Elon Musks SpaceX oder Jeff Bezos' Blue Origin auf den Markt drängen. Die »New Space« genannte Privatisierung der Raumfahrt ist ein Riesenmarkt. Dank der sinkenden Kosten für Trägerraketen wird sich die

Raumfahrt in den nächsten Jahren immer mehr regionalen Unternehmen öffnen, von denen sich bereits viele in der Region um München angesiedelt haben. Zum Beispiel Isar Aerospace in Gilching oder Rocket Factory in Augsburg. Der Bedarf an Minisatelliten zur Erdbeobachtung oder für technologische Anwendungen wie das autonome Steuern von Fahrzeugen ist enorm.

Der Bundesverband der Deutschen Industrie schätzte Mitte 2020, dass der Zukunftsmarkt »New Space« in den nächsten 20 Jahren um das Siebenfache auf bis zu 2,7 Billionen Dollar zulegen würde. Zu diesem Zeitpunkt aber lag Söders »Bavaria One«-Strategie schon unter der Erde. Seine Idee war gut, aber sie ist gleich doppelt gescheitert.

Zum einen, wie so oft bei Projekten aus Söders Schnellschussschmiede, an der Umsetzung. Eineinhalb Jahre nach der Ankündigung war nur ein Bruchteil der angekündigten Fördersumme von 700 Millionen Euro ausgezahlt. Lediglich 30 Millionen Euro wanderten in ein Satellitenkompetenzzentrum, verschiedene Forschungsprojekte, Unternehmensgründungen und 40 Stellen für die neue Raumfahrtfakultät an der TU München am Standort Ottobrunn.

Außerdem hat es Söder mit dem Marketing übertrieben. Der Titel des Raumfahrtprogramms wirkte wie vom Wunschzettel eines Autokraten in der Midlife-Crisis und lud zum Vergleich mit Donald Trumps deutlich absurderen Idee einer »Space Force« genannten Weltraumarmee ein. Den Namen »Bavaria One« beerdigte Söder bereits einen Monat nach der Landtagswahl 2018. Im Koalitionsvertrag mit den Freien Wählern tauchte er schon nicht mehr auf. Auf zwei kleinen Absätzen heißt es in dem Dokument lediglich, Raumfahrt sei eine »wichtige Zukunftsbranche«, die man weiterentwickeln wolle, um den Alltag der Menschen zu verbessern, zum Beispiel, indem man zukünftig Düngeroboter vom All aus steuern könne.

»Söderchens Mondfahrt ist abgeblasen«, lästerte der Fraktionschef der FDP im Bayerischen Landtag Martin Hagen. Aber Söder wäre nicht Söder, hätte er sein Lieblingsprojekt in einer Jauchegrube untergehen lassen. Die tote, aber gute Idee ließ er ein Jahr später einfach wiederauferstehen. Wie immer mit großer Raute statt mit kleinem Karo: »Wir kleckern nicht. Wir klotzen«, sagte er im Plenum des Bayerischen Landtags, als er im Oktober 2019 seine »Hightech Agenda Bayern« präsentierte. Zwei Milliarden Euro sollten zukünftig in ein nie da gewesenes Technologieprogramm fließen.

Bayern, so kündigte Söder an, wolle künftig bei der Robotik und der künstlichen Intelligenz führend werden, Batteriezellen für Elektroautos mitentwickeln, viele zusätzliche Informatiker ausbilden und mit besonders gut dotierten Exzellenzprofessuren Spitzenforscher aus aller Welt anlocken. Selbstverständlich gehöre auch die »seit Franz Josef Strauß größte Förderung von Luft- und Raumfahrt in Bayern« mit auf die Agenda.

Fragte man früher den Kutscher, wie er schneller fahren könnte, hätte er vermutlich geantwortet: »Mit mehr Pferden.« Dann kam einer und erfand das Auto. Es ist gut, wenn Politiker sich nicht nur aufs pragmatische Problemlösen beschränken. Wenn sie Ideen für die Zukunft entwickeln, Dinge ausprobieren, statt sich an Altbewährtes zu klammern, neue gesellschaftliche Fundamente schaffen, statt nur Löcher zu stopfen, durch die es gerade reinregnet.

Was bei Markus Söders durchaus mutigen politischen Pioniertaten allerdings immer wieder störend auffällt, ist der hohe Ressourcenverbrauch. Zur Finanzierung der »Hightech Agenda« etwa setzte Söder die von Horst Seehofer ersonnene bayerische Schuldenbremse außer Kraft. Statt 750 Millionen Euro tilgte Bayern im Jahr 2019 nur 50 Millionen Euro Schulden. Für 2020 und 2021 waren ursprünglich eine Milliarde Euro Tilgung vorgesehen. Davon spricht keiner mehr.

Dabei hat die Coronakrise den bayerischen Schuldenberg enorm anwachsen lassen. Zur Abfederung der wirtschaftlichen Folgen der Pandemie nahm Bayern Nettokredite in Höhe von 3049 Euro pro Einwohner auf, wie der Präsident des Bayerischen Obersten Rechnungshofs Christoph Hillenbrand Ende Mai 2020 dem Haushaltsausschuss des Bayerischen Landtags vorrechnete. Demnach sei der Freistaat im Vergleich mit Bund und Ländern Spitzenreiter bei der Neuverschuldung. Im Monat von Söders Vereidigung als Ministerpräsident 2018 hatte das Statistische Bundesamt vermeldet, die bayerischen Kommunen hätten die niedrigste Pro-Kopf-Verschuldung Deutschlands.

»Hebammenbonus« und »Pflegegeld« statt eine Reform unseres Gesundheitssystems. »Bayerisches Familiengeld«, »Bayerisches Krippengeld« und »Bayerisches Baukindergeld« statt mutige Konzepte zur Vereinbarkeit von Beruf und Familie. Söder löst Probleme mit Geld. Nicht unbedingt, weil es ihm an Kreativität mangelt, sondern weil er schnell ans Ziel kommen will. Eine Politik des langen Atems liegt ihm nicht. Seine »Hightech Agenda« wird zwar auch erst in einigen Jahrzehnten ihren Nutzen offenbaren, sollten Ökonomen in ferner Zukunft zu dem Schluss kommen, Bayern habe dank Söders Reformen das Fundament für eine Entwicklung zum »Space Valley« Europas gelegt.

Bis dahin aber kann Söder alle paar Monate hübsche Fototermine vor Raumfahrtmotiven absolvieren. Etwa wenn Isar Aerospace eine neue Produktionshalle in Betrieb nimmt, ein 3-D-Scan von Neil Armstrongs Raumanzug für einen Monat in der Staatskanzlei aufgestellt wird oder die Firma MT Aerospace dem Ministerpräsidenten Raketenteile für die neue Ariane 6 präsentiert. Auf Instagram jubelte Söder: »Bayern soll ein Land der Forscher, Pioniere und Entdecker« sein.

So gerne würde er zu ihnen gehören. »Ich beneide Sie!«, rief er den Anwesenden im Hörsaal der neu gegründeten Fakultät für Luftfahrt, Raumfahrt und Geodäsie zu, der er Anfang Juli 2019 seinen ministerpräsidentiellen Segen gab. In seiner Rede warnte Söder vor einem »intellektuellen Biedermeier« in Deutschland. Die Bürger und ihre Politiker schauten nur auf sich selbst,

»auf unsere eigenen Füße«, dabei wisse doch jeder, dass man mit diesem Blickwinkel »irgendwann an der nächsten Laterne« lande. Söder schwärmte vom »Wohlstand von morgen«, aber auch von der Demut, die einem das Streben ins All lehre. Jeder Raumfahrer, der unseren Planeten von oben gesehen habe, komme verändert zurück. »Raumfahrt ist ein Stück Religion«, pries er. Die Rätsel der Menschheit, die Fragen nach »dem Warum, dem Wohin, dem Wann« ließen sich mit der Raketenwissenschaft womöglich lösen. Die Studierenden ermutigte er: »Wenn einer von Ihnen vielleicht einmal irgendwo etwas entdeckt, das selbst Kardinäle zum Nachdenken anregt, dann haben Sie Ihren Job super gemacht.«

Markus Söder ist evangelischer Christ, Mitglied in einem Bibelkreis und gelegentlicher Kanzelredner in Kirchen. Als Talisman trägt er in seiner Hosentasche stets eine silberne Medaille mit sich, auf deren Rückseite Jesus abgebildet ist. Nach dem frühen Tod seiner Eltern habe er Trost im Glauben gefunden, sagt er in Interviews häufig. Er habe damals gespürt, ließ er die *Bunte* einmal wissen, »dass es etwas gibt, das die Fäden mehr zieht als man selbst«. Das ist plausibel, aber anders als Söders Weltraumbegeisterung wirkte seine Hingabe an die höheren Mächte aus der Bibel nie überzeugend.

Zumal Söder seinen Glauben nicht zur Privatsache erklärte, sondern ihn politisch immer wieder instrumentalisierte. Zum Beispiel als er zu Beginn des Landtagswahlkampfs 2018 per Kreuzerlass das christliche Glaubenssymbol an den Wänden bayerischer Behörden vorschrieb. Selbst Kirchenvertreter erkannten in Söders Wahlkampfmanöver den Versuch, AfD-Wähler mit ihrer Angst vor einer angeblichen Islamisierung der bayerischen Heimat zurück in den christlich-sozialen Schoß zu treiben. Auf dem Bild, das Söder Ende April 2018 beim Aufhängen eines Kreuzes im Eingangsbereich der Staatskanzlei zeigt, wirkt er mit seinem düsteren Blick und den dunklen Schatten auf dem Gesicht wie ein Vampirjäger, der das Abendland gegen eine unheimliche Bedrohung von außen verteidigt.

Zur Hochzeit der Flüchtlingskrise 2016 forderte Söder als Finanzminister in einem Interview mit der Zeitschrift *Christ & Welt* noch, die Kirchen sollten sich nicht immer in die Politik einmischen. Sie seien »nicht die Gewerkschaften des Himmels«. Letztlich gelte das Wort Jesu: »Mein Reich ist nicht von dieser Welt.« Daran wurde er nur wenig später regelmäßig von Kirchenvertretern erinnert, die bundesweit zum Sturm gegen sein Wahlkampfmanöver bliesen.

»Das Kreuz lässt sich nicht verordnen«, kritisierte der damalige Erzbischof von München und Freising und Vorsitzende der katholischen Deutschen Bischofskonferenz Kardinal Reinhard Marx. Durch die Maßnahme sei »Spaltung, Unruhe, Gegeneinander« entstanden. Das Kreuz sei ein »Zeichen des Widerspruchs gegen Gewalt, Ungerechtigkeit, Sünde und Tod, aber kein Zeichen gegen andere Menschen«, befand er.

Seinen Erlass sieht Söder heute kritisch. Er würde ihn möglicherweise »anders« einführen. Wahrscheinlich einfach mit einem anderen Foto. Mit der Trennung von Kirche und Staat hält er es nach wie vor nicht so genau. Zum Beispiel ließ er im Sommer 2020 eine Sitzung des Parteivorstands spontan sausen, um mit einem Tross Fotografen zum Münchner Flughafen zu eilen. Dort verabschiedete er den emeritierten Papst Benedikt XVI. am Rollfeld. Nicht ohne auf Instagram, Facebook und Twitter der Öffentlichkeit mitzuteilen: »Er hat uns Gottes Segen für unser Bayern gewünscht.«

Dabei war der Gottesmann auf privater Mission in Bayern unterwegs. Er wollte seinem sterbenskranken Bruder in Regensburg die letzte Ehre erweisen. Ein Erinnerungsfoto mit dem bayerischen Ministerpräsidenten kurz vor Abflug zurück nach Rom stand nicht auf seinem Terminplan. Aber selbst der ehemalige Papst kann sich Markus Söders Glauben an die Bedeutung seines weltlichen Amts offenbar nicht widersetzen.

»Ich fände es ziemlich trostlos, wenn man in die endlose Weite schaut und keine Antwort auf die existenziellen Fragen hat«, sagte Söder einmal. Seine Weltraumbegeisterung und das öffentlich zur Schau getragene Bekenntnis zum Christentum charakterisieren ihn als Menschen, der im Himmel nach Antworten zur Erklärung unserer Existenz auf Erden sucht. Und als Mann, der beim Wort »Zukunft« an Raketenantriebe, Hightech und Weltall denkt. Nicht unbedingt an Bildungspolitik, an Chancengleichheit für Kinder oder bedrohliche Umweltveränderungen.

DER BIENENKÖNIG

Zu den unterschätzten Eigenschaften des bayerischen Ministerpräsidenten gehört seine Kritikfähigkeit. »Ich versuche immer zu reflektieren«, sagt Söder. Er stelle sich permanent folgende Fragen: »Hab ich genau zugehört oder etwas übersehen? Wo kann ich mich weiterentwickeln?«

Regierungserklärungen zum Beispiel probte Markus Söder in der Zeit vor Kontaktbeschränkungen und Corona-Abstandsgebot gerne live vor Journalisten. Die Mitglieder der Landtagspresse wurden dafür an eine lange Tafel geladen, mit Häppchen versorgt und von Söder mit Vorschlägen bombardiert. Diese Events sollten, so hieß es, den Redakteuren die Arbeit erleichtern. Sie würden im Landtagsplenum, wenn Söder seine Ansprache hielt, nicht mehr auf jedes seiner Worte achten müssen, sondern würden die wichtigsten Botschaften bereits kennen. In Wahrheit will Söder die Reaktionen seiner Zuhörer testen, die Kritik kennen, bevor er sie in der Zeitung liest. Söder saugt dabei gute Ideen auf wie ein Kobold von Vorwerk.

Michael Watzke vom Deutschlandfunk merkte einmal bei einer dieser Generalproben an, Söders Ideenfeuerwerk enthalte zu wenig Bildungspolitisches. Schule, Kinder, Zukunft, all das nehme der Ministerpräsident offenbar nicht in den Blick. Als Beispiel erzählte er aus dem anstrengenden Alltag und unterfinanzierten Job einer Bekannten, die als Schulpsychologin arbeite. Sein Vortrag war eindringlich, fand aber kein Ende. Peinlich berührt fixierten die Journalistenkollegen den schwitzenden Leberkäse auf der Schlachtplatte vor ihnen. Markus Söder hingegen hörte interessiert bis zum Schluss zu. Bei Minute 44 seiner Regierungserklärung ein paar Tage später sagte er: »Wir starten das Programm ›Schulsozialarbeit‹ mit 500 Schulpsychologen und Sozialpädagogen als multiprofessionelle Teams.«

Söder begreift Politik als Wettstreit. »Kluge Argumente fordern mich heraus«, sagt er. Wenn er als Ministerpräsident in den letzten zwei Jahren eine Fähigkeit ausgebaut habe, dann die, kluge Argumente nicht deshalb abzulehnen, »weil sie vom falschen Redner« kommen. Von einer Oppositionspolitikerin oder einem vorlauten Journalisten.

Natürlich stellt Söder sich nicht einfach hin und sagt: »Also gut, jemand anderes als ich hat recht.« Wenn er merkt, dass er die Sätze der Gegenseite weder als falsch entlarven noch entkräften kann, überbietet er sie einfach. So geschehen Anfang des Jahres 2019, als sich vor Bayerns Rathäusern Warteschlangen bildeten, weil unzählige Bürgerinnen und Bürger ihre Unterschrift auf die dort ausliegenden Listen für das »Volksbegehren Artenschutz – Rettet die Bienen« setzen wollten. In den ersten zwei Februarwochen unterschrieben fast doppelt so viele Stimmberechtigte wie nötig, um das Volksbegehren durchzusetzen.

Der Februar ist ein klug gewählter Zeitpunkt, um Menschen für Insekten zu begeistern. Ungeziefer gibt es in den Wintermonaten wenig. Kinder treten nicht barfuß auf eine Biene und werden gestochen. Kuchen wandern ohne Wespen darauf in Richtung Mund. Mücken plagen uns erst in den Sommermonaten wieder. »Wir sind Zeugen des größten Artensterbens seit dem Verschwinden der Dinosaurier«, lautete eine der Parolen, die rund 1,7 Millionen Menschen für den Schutz von Biotopverbünden, Streuobstwiesen und Uferrandstreifen sensibilisierten. Und die Bayerns oberstem Bürger Markus Söder Angst ums politische Überleben einjagten.

Den Umgang mit dem Volksbegehren Artenschutz bezeichnete Söder einmal als die »größte Herausforderung« seiner bisherigen Amtszeit. Früher hätte er wohl versucht dagegen zu halten. Er hätte zum Beispiel argumentieren können, dass an Autoscheiben nicht deshalb weniger Käfer zerschellen als früher, weil es kaum noch Insekten gibt. Sondern dass die Bauart heutiger Pkws, der flachere Winkel der Windschutzscheibe etwa, zu weniger Kollisionen mit fliegendem Ungeziefer führt. Schon immer verstand sich die CSU als Autofahrerpartei, außerdem war sie in der Vergangenheit als Anwältin der vielen Landwirte im Freistaat aufgefallen.

Viele von ihnen fürchteten sich vor mehr Bürokratie. Denn das, so verrieten sie, würde die Forderung nach mehr Artenschutz aus ihrer Sicht bedeuten. Sie hatten Angst, das hippe Bedürfnis der Stadtbevölkerung nach einer ökologisch nachhaltigeren Lebensweise in der Praxis ausbaden zu müssen. Mit neuen Verordnungen, Vorschriften und Auflagen. Das Volksbegehren, so klagten zahlreiche Bauern aus Bayern, die bei einer Protestaktion auf dem Münchner Odeonsplatz mit ihren Traktoren den Verkehr in der Landeshauptstadt kurzzeitig lahmlegten, tue denen, die dafür gestimmt hatten, nicht weh. Würde diesen hingegen gesetzlich vorgeschrieben, das Auto für Strecken unter fünf Kilometern nicht mehr benutzen oder nur noch alle fünf Jahre in den Urlaub fliegen zu dürfen, hätte kein Volksbegehren der Welt eine Mehrheit gefunden.

Dass sich Markus Söder von Argumenten wie diesen unbeeindruckt zeigte, hat in seiner Partei viele überrascht. Als Strategie im Umgang mit den Befürwortern von mehr Artenschutz wählte er: Umarmung statt Attacke. Gegen den Willen der eigenen CSU-Fraktion und trotz Widerstand des Bauernverbands verkündete Söder Anfang April 2019, den Gesetzestext des Volksbegehrens im Landtag unterstützen zu wollen. Außerdem stellte er ein zusätzliches »Versöhnungsgesetz« in Aussicht. Er versprach »Artenschutz und Landwirtschaft XXL«.

Söder würde Laufkundschaft vor Stammkundschaft bedienen, ächzte damals ein langjähriges CSU-Fraktionsmitglied im Bayerischen Landtag, ohne seinen Namen öffentlich nennen zu wollen. Er fürchtete sich schon jetzt vor einem erneuten Absturz bei der nächsten Landtagswahl. Zuerst habe Söder die abgewanderten AfD-Wähler für verloren erklärt, nun verprelle er mit seinem Ökokurs die verbliebenen treu Konservativen. Sein einziger Trost, lästerte der Abgeordnete, sei das rhetorische Talent des neuen Ministerpräsidenten. Mit dieser einzigartigen Gabe könne Söder sogar »einen Hundekuchen als eine Sachertorte verkaufen«.

Söder achtete in der Tat sehr geschickt darauf, das politische Verrenkungsmanöver nicht als Einknicken vor der Ökolobby, sondern als Kniefall eines besorgten Landesvaters am Denkmal der bedrohten Schöpfung darzustellen. Das historisch schlechte Landtagswahlergebnis für die CSU vom Oktober 2018 habe ihn demütig werden lassen, sagte er Anfang 2019 oft. Oder, um in der Sprache der Ökologie zu bleiben: Als Ministerpräsident habe er einen »persönlichen Reifungsprozess« durchgemacht.

Ein Jahr später gab er im Interview mit Ulrich Wickert allerdings eine andere Antwort. Auf die Frage, wie er sein ökologisches Bewusstsein geschärft habe, überraschte er mit der Erkenntnis: »Umweltveränderungen sind mächtiger als Armeen.« Der Klimawandel als Bazooka des Bösen, als unbesiegbare Macht wie etwa die Weißen Wanderer in der Fernsehserie *Game of Thrones*. Dass ihn eine solche Logik beeindruckt, ist glaubwürdiger als seine Beteuerungen von der Bewahrung der Schöpfung als Markenkern der christlich-konservativen CSU.

Wenn es so wäre, warum ist seine Partei dann nicht schon vor dem Artenschutzvolksbegehren und den bundesweiten Schülerprotesten der Fridays for Future-Anhänger mit umweltpolitischer Initiative aufgefallen? Söder entgegnet auf diesen Einwand meistens, er habe sich als Umweltminister persönlich gegen Gentechnik und für einen umweltverträglichen Ausbau der Donau eingesetzt – zu einer Zeit, als Positionen wie diese in seiner Partei nicht mehrheitsfähig waren.

Was der angebliche Ökoengel lieber verschweigt, ist sein jahrelanges Engagement für den Bau einer dritten Startbahn am Münchner Flughafen. Sein Veto gegen den Bau eines dritten Nationalparks in Bayern. Und sein Engagement für den Bau eines Skilifts – mitten durch ein Naturschutzgebiet im Allgäu.

Ende 2016 erhielt er dafür den »Bock des Jahres«. Eine zweifelhafte Ehrung, die dem damaligen Finanz- und Heimatminister von der Organisation »Mountain Wilderness« aufgebrummt wurde. Der Konflikt um die Genehmigung einer Skischaukel auf dem Riedberger Horn klingt nach einer politischen Petitesse. In Wahrheit ging es um einen Tabubruch: Für den Bau der neuen Liftanlage hätte die bayerische Regierung zum ersten Mal seit 44 Jahren den sogenannten Alpenplan ändern müssen, laut dem das Riedberger Horn in einer besonders schützenswerten Zone liegt. Naturschutzverbände befürchteten einen Präzedenzfall, der ähnlichen Projekten in anderen sensiblen Bergregionen die Tür öffnen würde.

Heimatminister Söder hielt dagegen: »Wir planen am Riedberger Horn kein Disneyland.« Er gab den Gemeinden Balderschwang und Obermaiselstein, die sich den Bau der Liftanlage per Bürgerentscheide ausdrücklich gewünscht hatten, Rückendeckung. Auf seine Initiative hin stimmte der Bayerische Landtag 2017 für eine Alpenplanänderung. Erst im Wahlkampf ein Jahr später, als Ministerpräsident, vollzog Söder die Kehrtwende, verkündete das Aus für die Skischaukel und zückte, wie immer, den Geldbeutel: 20 Millionen Euro würde die Staatsregierung unter anderem in ein »Zentrum Naturerlebnis Alpin« investieren, Elektrobusse sollten die zwei Skigebiete verbinden, die schon bestehenden Liftanlagen modernisiert werden.

Markus Söder, so viel ist seitdem klar, folgt keinem grünen Kompass, sondern der politischen Großwetterlage. Er ist stolz darauf. 2019 sagte er bei einem Auftritt im Münchner Presseclub: »Wer dem Zeitgeist hinterherrennt, hat schon verloren.« Er versuche stets, schneller zu sein als der Zeitgeist. Frei nach dem Säulenheiligen Franz Josef Strauß und dessen berühmten Worten: »Konservativ sein heißt, an der Spitze des Fortschritts zu marschieren.«

Die Rettung der Bienen ist für Söder nur der Auftakt zu einem Jahr voller Ankündigungen zur Rettung der Welt vor dem Klimakollaps. Billigere Bahntickets, ein Verbot von Plastiktüten, mehr Tempo beim Kohleausstieg, Klimaschutz ins Grundgesetz: Was nach Forderungen aus dem Parteiprogramm der Grünen klingt, ist

Output aus Söders Ideenschmiede. Im Juli 2019 lässt er sein Kabinett an der frischen Luft im Hofgarten vor der Staatskanzlei tagen. »Wir brauchen einen Klimajahrhundertvertrag«, sagt er im Schatten dichter Laubkronen und umarmt wenig später einen Baum. Bayern, so seine Wunschvorstellung, soll ab 2040 das erste klimaneutrale Bundesland werden. Unter anderem mithilfe von 100 Windrädern und 30 Millionen neuen Bäumen in den bayerischen Staatsforsten.

Im September desselben Jahres billigt der CSU-Parteivorstand die neue Klimaschutzstrategie. Weltrettung zum Wohlfühlen scheint die Devise zu sein. Die CSU will den Kauf energiesparender Kühlschränke, Waschmaschinen oder Trockner steuerlich fördern. Die Parteizentrale arbeitet von nun an klimaneutral. Und der Onlinefanshop der Partei nimmt neu Bambuskugelschreiber, Trinkhalme aus Papier und Sommerblumenmischungen ins Programm auf.

Söders Ökopopulismus verschont die Bürger vor Zumutungen wie Verzicht oder Benzinpreiserhöhungen. Vor allem nutzt er ihm selbst als Schutzschild gegen Angriffe der Fridays for Future-Bewegung. Die Strategie funktioniert. Söders Beliebtheitswerte wachsen Ende 2019 in die Höhe wie die neuen Pflanzenstreifen an Bayerns Autobahnrändern. Zwar sind sie noch weit entfernt von den Popularitätswerten, die Söder ein paar Monate später mit Ausbruch der Coronapandemie erreichen wird. Aber auf der *Spiegel*-Politikertreppe rangiert Markus Söder schon damals vor dem grünen Posterboy

Robert Habeck. Er bekommt auch mehr Zustimmung als Jens Spahn. Die Beliebtheitswerte von Armin Laschet und Friedrich Merz wurden damals noch nicht mal abgefragt.

Es ist nicht so, dass Söder seine plakativen Klimaschutzbemühungen im Pandemiejahr 2020 zurückgefahren hätte. So will die Staatsregierung im Zuge von Söders »Hightech Agenda« Bayern »zu einer führenden Leitregion für innovativen Klimaschutz« machen. Mit »Cleantech«, also sauberen Technologien wie zum Beispiel »Wasserstoff als Energieträger der Zukunft«, und 80 Millionen Fördereuros werde Klimaschutz künftig nicht gegen das Auto, sondern mithilfe innovativer Antriebstechnik gelingen, hofft er. Dabei arbeitet das in seiner Heimat Nürnberg neu gegründete Wasserstoffzentrum »H2.B« momentan nur mit einer Handvoll Angestellten, viele davon studentische Mitarbeiter.

Im September 2020 zerpflückten zehn Wissenschaftler und Sachverständige Söders Prestigeobjekt, das geplante »Bayerische Klimaschutzgesetz«, mit dem der Freistaat bis 2050 klimaneutral werden soll. Der Gesetzesentwurf sei zwar grundsätzlich zu begrüßen, aber bisher so unverbindlich formuliert, dass Bayern theoretisch bis 2030 nichts unternehmen müsse, kritisierte etwa Karen Pittel, Leiterin des Zentrums für Energie, Klima und Ressourcen am ifo Institut. Grundsätzlich sei die Vorbildfunktion des Staats noch ausbaufähig.

Das ließ sich Söder nicht zweimal sagen. Anfang Oktober 2020 postete er auf Instagram ein Bild, das ihn mit weiß-blauer Maske allein im Ministerratssaal seines Amtssitzes in München zeigte. Im Hintergrund eine lebendige Tapete. »Natur statt Seide«, notierte er stolz darunter. »Rund 3000 Pflanzen lassen die Staatskanzlei ergrünen. Das ist auch ein Statement.« Genau das ist es. Mehr nicht.

MUNDSCHUTZ UND MASKERADE

Schon lange gibt es vonseiten der Bevölkerung eine große Sehnsucht nach mehr Authentizität in der Politik. Den Vorwurf, in der Hauptstadt des Landes regiere eine abgehobene Elite ohne Verständnis für die Bedürfnisse und Sorgen der normalen Leute, haben Anti-Establishment-Parteien wie die AfD nicht erfunden. Sie machen ihn sich aber zunutze. Genauso wie die von Klimaaktivistinnen wie Greta Thunberg oder Luisa Neubauer inspirierte Fridays for Future-Bewegung aus dem linken Spektrum demokratischer Willensbildung.

Sie alle ziehen ihre Kraft aus der Abgrenzung gegenüber etablierten Parteien und Politikern, zu denen mittlerweile sogar die Grünen gehören. Die Mächtigen des Landes, so geht ihre Erzählung, seien nicht oder nicht mehr in der Lage, wirklichen Wandel zu bewirken. Ob Deutschland und die Welt von der Klimaapokalypse oder der massenhaften Einwanderung von Fremden in die Sozialsysteme bedroht sind, die Rettung suchen besorgte Bürger nicht mehr nur beim direkt gewählten Volksvertreter ihres Stimmkreises. Sondern gerne auch bei Figuren mit Vorbildcharakter, die durch offen und einfach präsentierte Forderungen und Proteste überzeugen, zum Beispiel Greta Thunberg mit dem selbst bemalten Pappschild, auf dem »Skolstrejk för klimatet« steht. Auf die Echtheit dieser Form politischer Einflussnahme schauen Berufspolitiker mit großem Neid. Meist bemühen sie sich in sozialen Medien wie Facebook, Instagram, Twitter oder neuerdings TikTok um direkten Draht zu jüngeren Zielgruppen oder politisch bislang Unbedarften. Dieses Engagement entfaltet aber in den wenigsten Fällen ähnlich große Bindungskraft wie die frühere Verankerung der Parteien in den vorpolitischen Raum. Söders CSU zum Beispiel, in Bayern immerhin seit 59 Jahren ununterbrochen an der Macht, hat jahrelang von ihrem engen Netzwerk zu Kirchen, Bauernverbänden oder Brauchtumsgruppen profitiert. Wie man aber die vielen Zugezogenen im Freistaat oder die immer mobiler werdenden Familien zu künftigen Stammwählern macht – darüber rätseln Parteistrategen schon lange. Die Strategie unter Markus Söder als CSU-Chef scheint zu lauten: Die Strahlkraft des Parteivorsitzenden soll Wähler anziehen wie die Sonne andere Planeten.

Markus Söder gehört zu den Politikern, deren medialer Auftritt in Sachen Professionalität, aber auch Authentizität einmalig in Deutschland ist. Dass er vor Kameras fehlerfrei und verständlich sprechen kann, während zum Beispiel Angela Merkels Botschaften in ihrem Videopodcast authentisch abgelesen wirken, hat

Söder früh in seiner Karriere gelernt. 1991 brach er das Jurastudium in Erlangen ab, um bis 1993 ein Volontariat beim Bayerischen Rundfunk in München zu durchlaufen. Kaum hatte er seinen ersten Job als Fernsehreporter begonnen, gelang ihm als 27-Jähriger der Einzug in den Bayerischen Landtag.

In der Coronakrise haben viele Regierende an Zustimmung gewonnen, ohne dass sie plötzlich besonders nahbar geworden wären. Die Not ließ viele Bürger offenbar doch auf Rettung durch Erfahrung und Autorität hoffen.

Eher wirkten einige Regierungsoberhäupter echt überfordert, wie zum Beispiel Nordrhein-Westfalens Ministerpräsident Armin Laschet. Sein Auftritt in Anne Wills Talkshow knapp zwei Monate nach dem Beginn der Pandemie uferte in eine Selbstdemontage aus. Gereizt und emotional mit den Händen gestikulierend schob er die Schuld für Pannen bei der stufenweisen Wiedereröffnung von Schulen den Kommunen in die Schuhe. Virologen in Deutschland warf er vor, sie würden zu häufig ihre Meinung ändern. Hilflos versuchte er zu begründen, warum er zu Krisenbeginn davon sprach, es gehe »um Leben und Tod«, dann aber recht schnell auf Lockerungen wie die Öffnung von Möbelhäusern pochte. Seine Popularität konnte Laschet in der Coronakrise kaum merklich steigern. Ganz anders Markus Söder.

Das kann man unter anderem in einer Buchhandlung im Münchner Westen sehen. Hier auf den bayerischen Ministerpräsidenten, Serienjunkie und Blockbuster-

Cineasten zu treffen, ist unwahrscheinlich. Fragt man Söder im Anschluss an eine seiner zahlreichen Corona-Pressekonferenzen, welches Buch er gerade lese zum Abschalten am Ende eines anstrengenden Tages, überlegt er nicht lange: »Virologische Fachliteratur.«

Dennoch bewirbt Buchhändler Martin Scherfchen seine Ware mit Söder. Auf einem grellgelb umrandeten Hinweisschild im Schaufenster seines kleinen Ladens stand eine Zeit lang: »Söder-Masken ausverkauft!« Nicht wenige Kunden wollten wissen, wann es wieder welche zu kaufen gebe. Und das, obwohl Scherfchens Geschäft in einem Münchner Viertel liegt, dessen Bewohner bei der vergangenen Landtagswahl mehrheitlich den Grünen ihre Stimme gegeben haben.

Der weiß-blaue Mundschutz ist seit Ausbruch der Pandemie das Markenzeichen des Ministerpräsidenten und CSU-Parteivorsitzenden. Egal, ob Markus Söder die Corona-Intensivstation des Klinikums Schwabing besichtigt oder den emeritierten Papst Benedikt XVI. am Rollfeld des Münchner Flughafens verabschiedet: Die Maske sitzt. Das Haus der Bayerischen Geschichte in Regensburg bat kürzlich um ein Modell. Und hat eines bekommen.

Buchhändler Martin Scherfchen musste Kunden, die seinen Laden auf der Suche nach dem Söder-Original betraten, regelmäßig enttäuschen. Er lenkte ihren Blick dann meistens auf die Kollektion Faschingsmasken aus Pappe, die er an einer Wäscheleine im oberen Teil des Schaufensters befestigt hatte: gelbes Minion-Männchen neben mexikanischem Totenkopf, der grüne Comicheld Hulk neben dem speckigen Kopf eines Sumoringers.

Das Schild mit der ausverkauften Söder-Maske sei ein Gag gewesen, erklärt Scherfchen. Er habe weder weiß-blauen Mundschutz noch den Kopf des Ministerpräsidenten in 2-D im Angebot: »Erst wenn er Kanzler wird, nehmen ihn die Verkleidungshersteller ins Programm.« Auf seine Stimme könnte Söder nicht unbedingt zählen. Der Münchner Buchhändler hält den bayerischen Ministerpräsidenten für einen Populisten.

Er habe nicht vergessen, sagt Scherfchen, wie abfällig sich Söder vor zwei Jahren über »Asyltouristen« geäußert habe. Wie plump er kurz nach seinem Antritt als Ministerpräsident mit einem Kreuzerlass in bayerischen Amtsstuben und Behörden auf frommen Landesvater umzuschulen versuchte. Aus demselben Grund, aus dem Söder heute Abstandhalten predige, habe er in der Vergangenheit Bäume umarmt, vermutet Scherfchen. Das, was gerade populär sei, mache er zum Programm seiner Partei. Schimmer noch: Söder nutze menschliche Ängste zur persönlichen Profilierung.

Dass er ideologiefrei arbeitet, hat Markus Söder nie bestritten. »Machen und Kümmern. Das ist meine Philosophie«, sagte er in einem *Spiegel*-Interview kurz vor seiner Wahl zum Ministerpräsidenten im Oktober 2018. »Mir ging es nie um Macht«, gab er im September 2020 im *Focus*-Interview an. Als Reaktion auf diese tollkühne Behauptung darf selbstverständlich jeder Leser in schallendes Gelächter ausbrechen, aber dass Söder Ängste schüre, um Macht zu maximieren, zielt als Vorwurf gegen ihn ins Leere.

Alarmismus und Panikmache hat er in seinen Corona-Botschaften stets vermieden. Zwar pochte er stets auf die strengstmögliche Maßnahme, zeitweise war sogar das Lesen eines Buches auf bayerischen Parkbänken verboten. Dass er seinen Kurs als Krisenmanager deshalb so hart ausrichtet, weil er nach außen so gut ankommt, mag ein naheliegender Schluss sein.

Allerdings hat sich Söder zu einem Zeitpunkt in die Pose des rigiden Corona-Bekämpfers geworfen, als noch nicht absehbar war, wie das Volk auf Zumutungen wie Kontaktbeschränkungen, die Absage des Oktoberfestes und massenhafte Kurzarbeit reagieren würde. Dass den Mundschutzträger Söder viele – so wie Buchhändler Scherfchen – der politischen Maskerade verdächtigen, mag damit zusammenhängen, dass Söder sein Image als Verkleidungskünstler lange kultiviert hat.

Früher warf er sich schließlich an Fasching in die wildesten Kostümierungen. Als Punk mit rotem Irokesenschnitt und »Haste mal 'nen Euro?«-Aufdruck auf schwarzem T-Shirt brachte er es 2012 sogar auf die Titelseite des amerikanischen *Wall Street Journal*. Es war die Zeit der Eurokrise, Griechenland mühte sich, die deutschen Forderungen zur Entschuldung des Landes umzusetzen.

Wer Söder als Journalist in einer seiner Fragen Populismus unterstellt, bekommt eine Gegenfrage gestellt: »Was ist ein Populist?« Söder beantwortet sie selbst: »Einer, der gegen Wissen und Gewissen handelt, nur um einen schnellen Vorteil zu erringen. Das mache ich sicher nicht.« Ein Regierender, der das umsetze, was das Volk gerade verlange, ist aus Söders Sicht ein lernfähiger Demokrat. »Die Welt richtet sich nicht nur nach unseren Theorien. Wir müssen uns an der Realität ausrichten«, sagt er. Positionswechsel sind für Söder Ausweis staatsmännischer Verantwortung, nicht der Beweis fehlender Haltung: »Ein Politiker, der dauerhaft gegen die Bevölkerung handelt, ist autoritär.«

Die großen Wellen der Zeit wie Migration oder Klimaschutz, die könne er doch nicht einfach ignorieren, sagt Söder.

Vielleicht ist es weniger populistische als opportunistische Politik, die Söder praktiziert. »Ein Philosoph hat mal gesagt: Man kann den Wind nicht ändern, aber die Segel richtig setzen«, beschrieb Söder seine politische Herangehensweise im Podcast mit Ulrich Wickert. Das Zitat ist von Aristoteles. Wäre es von Luke Skywalker, hätte Söder die Quelle bestimmt korrekt nennen können. Das Bild des Surfers oder Wellenreiters nutzt er häufig, wenn er seinen Politikstil beschreibt. »Ich unterscheide heute zwischen Welle und Strömung. Die Strömung gibt die Richtung vor«, sagt Söder. Früher habe er mehr auf die Welle geschaut. »Als junger Generalsekretär habe ich zu sehr die Schlagzeile von morgen im Blick gehabt.« Mittlerweile achte er sehr darauf, »was übermorgen und darüber hinaus passiert und gilt«.

Dass er auch bereit ist, gegen den Strom zu schwimmen, und bei Gegenwind nicht sofort einknickt, dass er, um im Bild des Wellenreiters zu bleiben, einen inneren Kompass hat, der ihn auf Kurs hält – das haben Söders Gegner immer bestritten. In der Coronapandemie hat Söder stets auf »Vorsicht und Umsicht« beharrt. Sein Popularitätsschub mag genau darin begründet sein. Zum ersten Mal seit seinem Eintritt in die Junge Union 1983 hat Söder Haltung erkennen lassen, ohne vorab zu wissen, ob sie mehrheitsfähig ist.

Buchhändler Martin Scherfchen hat in der Sache wenig auszusetzen an Söders Krisenmanagement. Er gibt auch offen zu: »Ich möchte nicht in der Haut derer stecken, die in diesen Zeiten politische Entscheidungen treffen müssen.«

Wer wie er Söder dennoch als Populisten bezeichnet, stellt ihn unweigerlich in eine Reihe mit Politikern wie Donald Trump, Boris Johnson oder Brasiliens Staatspräsident Jair Bolsonaro. Drei Männer, denen jedes Mittel recht ist, an der Macht zu bleiben, sogar Lügen und Falschbehauptungen. Alle haben das Virus so lange verharmlost, bis sie selbst von ihm heimgesucht wurden, Trump sogar noch, als er daran erkrankt war. Söders klarer und vorsichtiger Corona-Kurs könnte nicht weiter von deren gesundheitspolitischem Missmanagement entfernt sein. Trotzdem gibt es eine Parallele zwischen dem Mann aus Bayern und den Populisten dieser Welt: die barocke und bisweilen bizarre Lust an der Selbstdarstellung.

Wie kaum ein anderer Ministerpräsident Deutschlands spricht der Franke aus Bayern nicht nur laut und deutlich von seinen Heldentaten, sondern immer auch in Bildern. Seine Gesichtsmaske mit den weiß-blauen Rauten trägt Söder wie ein Superheldencape. Es gibt Fotos von ihm, wie er vor meterhohen Klopapiertürmen im Zwischenlager eines Großhändlers posiert. Einmal las Söder in einer Videobotschaft auf Instagram den Brief der zehnjährigen Giulia vor, die ihm für sein Krisenmanagement dankte und in Kinderschrift forderte: »Wir sollten zusammmen kämpfen.«

Mit Markus Söder ist ein fest angestellter Fotograf in die Staatskanzlei eingezogen, der den Ministerpräsidenten auf Schritt und Tritt begleitet. Er war natürlich auch vor Ort, als Söder seine Rautenmaske das erste Mal der Öffentlichkeit präsentierte. Zwanzig Minuten zu früh erschien Söder im Plenum des Landtags, setzte sich auf seinen Stuhl und zwirbelte umständlich das Stück Stoff aus der Innentasche seines Jacketts, damit auch noch der letzte der anwesenden Fotografen schlussfolgerte: Objektiv scharf stellen, hier passiert gleich etwas. »Wo Söder regiert, hat der Zufall Pause«, beschrieb der Politikchef des *Münchner Merkur* Christian Deutschländer den Moment sehr treffend.

Im CSU-Fanshop gibt es Kaffeetassen, Jutebeutel, Meterstäbe und sogar ein Kofferschloss mit Söders Namen darauf zu kaufen. Die Mund-Nasen-Bedeckung im Stil der bayerischen Flagge kostet 3,41 Euro. Der Parteivorsitzende Markus Söder allerdings trägt eine Sonderanfertigung. Die Rauten auf seiner Maske sind größer. Auch seine Autogrammkarten sprengen das übliche

Format. Der Postkartenständer im Eingangsbereich der Bayerischen Staatskanzlei wirkt seltsam windschief, weil im obersten Fach stapelweise Söders überdimensionale DIN-A5-Karten stecken.

HERRSCHAFTSZEITEN

Der einzige Luxus, den er, Söder, sich gönne, sei ein großer Fernseher im Wohnzimmer. Die CSU sei die Partei der »Leberkäsetage«. Konservative Politik müsse das Biotop der normalen Bürger schützen. Und, ganz wichtig, der Bewahrung der Schöpfung dienen.

Gut möglich, dass der Herrgott im weiß-blauen Himmel über Markus Söders Bekenntnisse laut lachen musste, als er Mitte Juli 2020 auf Bayern hinabblickte. Da stand der treue Diener des Herrn in der protzigsten Kulisse des Landes. Auf Schloss Herrenchiemsee, am Entstehungsort des Deutschen Grundgesetzes, empfing er Bundeskanzlerin Angela Merkel. Als handelte es sich um eine royale Thronfolgezeremonie, schipperten Söder und Merkel zuerst über den kristallblauen bayerischen See, bevor sie in einer Kutsche zum Schloss geleitet wurden. Dort erwartete Söders Kabinett die Ankunft des ungleichen Paares auf den Stufen zum Eingangsportal.

Angela Merkel und Markus Söder könnten unterschiedlicher nicht sein. Ihr Politikstil folgte stets dem Grundsatz: erst das Land, dann die Partei, dann ich. Bei ihm ist es umgekehrt. Wer sich als Schattenkanzler in Szene setzt an einem Ort, den Bayerns Märchenkönig Ludwig II. als »Tempel des Ruhmes« errichten ließ, braucht sich jedenfalls nicht zu wundern, wenn er für einen Sonnenkönig gehalten wird.

Aus Anlass der Europäischen Ratspräsidentschaft werde man gemeinsam einen neuen »Geist des Zusammenhalts in Europa« beschwören. So jedenfalls kündigte Söder das Treffen mit der Bundeskanzlerin auf Instagram an, vollständig bebildert mit einem Selbstporträt vor Wasserfontänen und barocker Schlossfassade.

Angela Merkels Popularität als Bundeskanzlerin beruht darauf, dass sie sich stets als anspruchslose, aufopferungsvolle, bisweilen biedere Dienerin des Volkes präsentierte. Markus Söder hingegen strömt die Lust an der Macht aus jeder Pore. Wenn man Menschen den Spaß an ihrer Arbeit anmerkt, ist das meistens etwas Gutes. Politiker aber, die so stolz auf ihre Leistung sind, dass sie damit vor anderen angeben müssen, machen sich verdächtig.

Der Vorwurf, dass es ihm bei allem, was er tut, um die Befriedigung des eigenen Egos geht, ist ständiger Begleiter seiner Karriere. Markus Söder hat als Ministerpräsident versucht ihn auszuräumen, indem er 2018 losregierte, als galt es, Bayern aus Ruinen wiederauferstehen zu lassen. Mit Tatkraft, Dynamik und Geschenken ans Volk wie dem Pflegegeld oder dem Großelterntag wollte er seine Hingabe ans Land beweisen. Als dann die Coronakrise die Energie des nimmermüden Duracell-Hasen Markus Söder erforderte, ging sein Erfolgsrezept plötzlich auf.

Ein Bruch mit der Ära Merkel muss ja auch nicht zwangsläufig etwas Schlechtes bedeuten. Der amtierenden Bundeskanzlerin wurde zu Recht oft vorgeworfen, sie schläfere die Bürger mit ihrem geräuschlosen und effizienten Politikstil ein. Sie vergrößere Politikverdrossenheit und bewirke ein Abwandern von Wählerschichten in die Fänge von lautstark pfeifenden Rattenfängern wie den Rechtspopulisten von der AfD.

Mit Markus Söder an der Spitze des Staates wäre diese Gefahr weniger virulent. Seine bisweilen bizarre Darstellungslust zwingt Menschen zum Hinsehen. »Augen zu, CSU!« – diese Gewissheit gilt nicht nur in bayerischen Wahlkabinen schon lange nicht mehr. In einer Welt, die durch Globalisierung und Digitalisierung immer unübersichtlicher zu werden scheint, muss man die Bürger, mehr denn je, überhaupt erst einmal dazu bringen, sich für Politik zu interessieren. Die Polarisierung der Gesellschaft personifiziert keiner besser als Markus Söder. Die Menschen vergöttern oder verabscheuen ihn. Egal ist er niemandem.

Hinzu kommt, dass es am Ende von Merkels rekordverdächtig langer Amtszeit einen unausgesprochenen Konsens zu geben scheint, dass nach 16 Jahren weiblicher Führung wieder ein Mann ranmuss. In der CDU kandidierte jedenfalls keine Frau für das Amt des Parteivorsitzenden, die SPD einigte sich im Blitzverfahren auf Olaf Scholz als Kanzlerkandidaten. Die Renaissance der Männlichkeit an den Schalthebeln der Macht spielt Breitbeiner Söder in die Karten.

Anders als zum Beispiel Friedrich Merz, dem ebenfalls Ambitionen auf das höchste Amt im Staat nachgesagt werden, hat Söder nach Niederlagen in der Politik nicht wie eine beleidigte Diva das Handtuch geworfen und so lange Geld verdient, bis er von Neuem ins parlamentarische Rampenlicht drängen kann. Söder hat Rückschläge und Kritik immer genutzt, um gestärkt daraus hervorzugehen.

Dabei hat er sich ein dickes Fell, beinahe einen Schildkrötenpanzer erarbeitet, der ihn gegen Angriffe von Journalisten oder politischen Gegnern schützt. Das ist ein nicht zu unterschätzendes Kapital in einer Zeit, in der mediale Erregungswellen deshalb besonders hochschäumen, weil sie in den sozialen Netzwerken amplifiziert werden, statt sich am Stammtisch im Bierdunst aufzulösen.

Beim Besuch der Kanzlerin auf Schloss Herrenchiemsee fühlte sich Söder jedenfalls so stark, dass er mit seiner Tatkraft regelrecht kokettierte. Die Kanzlerin, so erzählte er, habe ihm geraten: »In der Ruhe liegt die Kraft.« Das werde er übernehmen, beteuerte Söder, aber sein verschwörerisches Lächeln ließ Zweifel daran erkennen. Hätte er tatsächlich auf die Kanzlerin gehört, wäre das Testdebakel einen Monat später wohl glimpflicher ausgegangen.

Das von Söder großspurig als »Dienst für Deutschland« ausgelobte Angebot kostenloser und anlassloser

Coronatests für alle Bürger – auch für die ohne Wohnsitz in Bayern – führte zur Zeit der Sommerferien zu einer derart großen Nachfrage, dass die Teststationen entlang der bayerischen Autobahnen, an Flughäfen und Bahnhöfen überlastet waren. Manche Urlauber mussten tagelang auf ihr Testergebnis warten. Zwischenzeitlich wurden 1000 positiv Getestete im Unklaren über ihren Infektionsstatus gelassen.

Markus Söder wäre am Tischkicker der Typ, der wild an den Griffen kurbelt und manchmal die Spielerpuppen kreiseln lässt, obwohl das als regelwidrig gilt. Merkel wäre die konzentrierte Spielerin, die auf die Gelegenheit zum gezielten Schuss lauert. Nicht nur Ruhe, sondern vor allem Coolness kann der eine von der anderen noch lernen.

Am Tag als die Corona-Warn-App der Öffentlichkeit vorgestellt wurde, saßen Söder und Merkel gemeinsam im Kanzleramt vor den Kameras. Die Journalistenfrage, ob sie sich die App bereits runtergeladen hätten, bejahte Söder umgehend. Er habe in der Ministerratssitzung hin und wieder draufgeschaut, ergänzte er streberhaft. Merkel hingegen sagte nur, sie äußere sich nicht zu ihrem Kommunikationsverhalten. Im Übrigen sei es doch die Aufgabe eines Vorsitzenden der Ministerpräsidentenkonferenz, das Geschehen im Raum zu verfolgen, statt aufs Handy zu starren. Der Treffer saß.

Offensichtlich ist die Kanzlerin Söders Charme, mit dem er sie zu Beginn der Pandemie unter anderem als »internationale Stimme der Vernunft« bezeichnet hatte, noch nicht erlegen. Dabei genoss sie ganz offensichtlich den pompösen Empfang am Chiemsee. Merkel wirkte gelöst, für ihre Verhältnisse fast heiter und beschwingt. Horst Seehofers Demütigung auf dem CSU-Parteitag 2015 scheint keine Spuren hinterlassen zu haben. Der damalige Parteichef hatte sie wie ein Schulmädchen auf offener Bühne neben sich stehen lassen und eine Viertelstunde über seine »Obergrenze für Flüchtlinge« doziert.

Der herrschaftliche Empfang sei der Versuch einer »Wiedergutmachung« gewesen, erklärte Söder in der Woche nach der Herrenchiemseesause. Bei hohem Besuch aus der Hauptstadt müsse man als Bayer selbstverständlich »das gute Geschirr und Besteck« aus dem Schrank holen, rechtfertigte er die goldumrandete Inszenierung. Er hätte Merkel schlecht an einer Nürnberger Dönerbude empfangen können.

Seine Teilnahme am Festakt zu »175 Jahre Ludwig II.« einen Monat später sagte er allerdings ab. Vermutlich, damit nicht alle wieder schreiben, er sonne sich im Lichte des »Kini«. Wer Söder fragt, wann er die letzte SMS von Armin Laschet bekommen habe, bekommt zur Antwort: »Ich äußere mich nicht zu meinem Kommunikationsverhalten.«

Seine Bereitschaft, den Kurs zu ändern, sobald Kritik daran aufkommt, unterscheidet ihn nicht nur fundamental von anderen Populisten und Kraftmeiern, mit denen er gerne in einen Topf geworfen wird, sondern sie verbindet ihn mit der Bundeskanzlerin. Es gibt kein deutsches Staatsoberhaupt, das in den Jahren seiner

Regentschaft so viele vermeintlich unverrückbare Positionen geräumt hat wie Angela Merkel. Die Abschaffung der Wehrpflicht, die Ehe für alle, der Ausstieg aus der Atomenergie, offene Arme für Asylsuchende, die Befürwortung von Frauenquoten und Mindestlohn sind nur die auffälligsten konservativen Kurskorrekturen ihrer Ära. Der Politikwissenschaftler Thomas Biebricher konstatiert in seinem Buch *Geistig-moralische Wende. Die Erschöpfung des deutschen Konservatismus*, dass sich die Christdemokratie in den letzten Jahrzehnten liberalisiert und inhaltlich beinahe abgeschafft habe. Übrig geblieben sei ein »prozeduraler Konservatismus«, der sich aufs gewissenhafte Problemlösen konzentriere.

»Es war immer Merkels große Stärke, in komplizierten Verhandlungen einen Kompromiss zu finden, mit dem alle leben können«, schrieb *Spiegel*-Autor René Pfister in einem Essay über die Kanzlerin 2018. Markus Söder verfügt nur begrenzt über dieses Talent, weil sein Hang, gemeinsam errungene Erfolge später als eigene Leistung zu verkaufen, die Verhandlungspartner nicht zur Kooperation motiviert.

Aber auch er hat spätestens nach den Protesten gegen seinen Kreuzerlass erkannt, dass man mit konservativer Symbolpolitik im Zweifel mehr verliert als gewinnt. Genau wie Merkel versucht er, Probleme ideologiefrei und praktisch zu lösen. Im Prinzip macht Söder Politik wie ein Möbelpacker. Der interessiert sich auch nicht für die fernen Ziele, sondern ordnet in Kisten ein, was vor ihm liegt, und trägt sie weg, wenn sie im Weg stehen.

Zugutekommt beiden, dass Krisen Machertypen begünstigen. Das Tempo unseres Alltags hat sich in den letzten Jahren dermaßen beschleunigt, dass selbst nach einer möglichen Bewältigung der aktuellen Virenpandemie sicher bald darauf die nächste globale Herausforderung auf Politiker mit Hang zum beherzten Anpacken wartet. Mit seinem Prinzip des praktizierten Pragmatismus ist Markus Söder Angela Merkels wahrhaftigster Erbe – ob er eines Tages nun Kanzler wird oder nicht.

Unbestritten ist Söders Selbstbewusstsein groß genug, um Merkels freiwerdendes Berliner Büro problemlos ausfüllen zu können. Aber dafür müsste er den einen großen bundesweiten Wahlkampf gewinnen. Man darf nicht vergessen: Sein ganzes Netzwerk hat Söder in Bayern aufgebaut. Es mag ihn im Süden der Republik tragen, aber es katapultiert ihn nicht wie ein Trampolin hoch ins Kanzleramt. Und Söder ist kein Springinsfeld, der im blinden Vertrauen auf gute Umfragewerte übermütig wird. Alle möglichen Risiken wägt er sehr genau ab. Er weiß, was er kann. Er weiß aber auch, was er nicht kann. Zum Beispiel Wahlkampf.

Söder müsste um die Unterstützung der Menschen auf den Leberkäsetagen des Landes bitten. Aber wie Merkel tut er sich schwer im direkten Dialog mit den Bürgern. Die artifizielle Kulisse eines bayerischen Königsschlosses dürften beide dem Bad in der Menge vorziehen.

Wenn er im Bierzelt von der Seite angequatscht wird, jemand seine persönliche Leidensgeschichte auspackt oder zu einer Lobeshymne ansetzt, fängt Söder sehr schnell an, die Hände zu kneten. Der *Star Trek*-Fan scheint still zu beten: »Beam me up, Scotty!« Gut möglich, dass Markus Söder nur für den besten aller möglichen Kanzlerkandidaten gehalten werden will – ohne die damit verbundenen Erwartungen einlösen zu müssen.

Aber: Was Merkel und Söder vor allem eint, ist das Schicksal, von anderen stets unterschätzt zu werden. Vor ihrer ersten Kandidatur als Kanzlerkandidatin der Union war Merkel die Frau aus dem Osten, Kohls Mädchen, richtig ernst nahm sie lange Zeit keiner. Söder war das Rumpelstilzchen aus Bayern und wurde nicht nur oberhalb des Weißwurstäquators oft belächelt. Seine Parteifreunde wollten jedenfalls sehr lange nicht mit ihm im selben Boot segeln. Bei jedem seiner Karriereschritte musste Söder Mauern durchbrechen. Kaum ein Politiker hatte beim Aufstieg in der eigenen Partei so viele Gegner.

Markus Lanz stellte seinen Gast einmal mit den treffenden Worten vor, Söder sei der einzige Mensch, der ein Leben lang Bayerns Ministerpräsident werden wollte – und es am Ende tatsächlich geworden ist. Wenn er die bayerische Schlösserpracht wirklich gegen den Betonklotz in Berlin zu tauschen gedenkt, wird 2021 ein spannendes Jahr. Der Krisengewinner, Leistungssportler, Wellenreiter, Klassenstreber und Ellenbogengenius war in all seinen Rollen immer auch: der Unvermeidliche.

Als Edmund Stoiber den Hallodri aus der Jungen Union zum Generalsekretär berief, rieb sich die Basis erstaunt die Augen. Als er Minister wurde, schüttelten sie in der Partei den Kopf. Als Ministerpräsident konnte ihn keiner verhindern. Nicht mal die Mehrheit der eigenen Parteispitze. Markus Söder als Bundeskanzler? Wohl kaum.

Genau deshalb sollte man auf ihn wetten.

ALLE FÜR EINE – DANKE

Wilhelm und Sebastian Clauß, Hartmut und Gerdi Clauß, Claudia und Klaus Kistner haben dieses Buchprojekt mit Zwiebelkuchen, Proteinshakes, Babysitterdiensten und Geschichten vom Räuber Hotzenplotz unterstützt. Dafür bin ich unendlich dankbar.

Dem *Spiegel*-Chefredakteur Steffen Klusmann danke ich für sein Vertrauen. Besonderen Dank schulde ich den Leitern des Deutschlandressorts des *Spiegels* in Hamburg, Jörg Diehl, Cordula Meyer, Simone Salden, Hendrik Ternieden und Markus Verbeet, die mir für dieses Buch eine Auszeit ermöglicht haben. Meinem Kollegen Jan Friedmann, der so lange alleine die politische Berichterstattung im Münchner *Spiegel*-Büro übernahm, danke ich für seinen Einsatz. Susanne Weingarten hat mir sehr beim Projektmanagement geholfen, genauso wie Eva Keller-Boussaid und Martina Nebi. Bei Melanie Amann und Dirk Kurbjuweit aus dem Berliner *Spiegel*-Büro möchte ich mich für die wichtigen Ratschläge in der Entstehungsphase des Buches bedanken. Bei Jan Fleischhauer für die Erziehung zur Angriffslust.

Ohne Max Scharnigg und den jetzt.de-Stammtisch wäre die großartige Zusammenarbeit mit Tim Jung und Hoffmann und Campe nicht zustande gekommen. Und ohne den phantastischen Lektor Laurenz Bolliger hätte ich das Manuskript nicht rechtzeitig fertiggestellt.

Dieses Buch konnte nur erscheinen, weil so viele CSU-Mitglieder auf allen Ebenen der Partei bereit waren, mir ihre Zeit und ihr Vertrauen zu schenken. Würde ich ihre Namen hier nennen, fielen sie beim Parteichef womöglich in Ungnade. Er könnte sie dann – in einigen Fällen nicht zu Unrecht – des Geheimnisverrats verdächtigen. Stellvertretend für alle Frauen und Männer, die mir im Kosmos CSU bei der Navigation helfen, möchte ich Tanja Sterian und Tobias Kurzmaier danken.